Liebe Leserinnen, liebe Leser!

Der Fotograf Rainer Kiedrowski hat schon zahlreiche HB-Bildatlanten mit Engagement bebildert.

Dina Stahn, Kulturwissenschaftlerin und freie Journalistin, lebt in Stuttgart, kennt und liebt den süddeutschen Raum schon von Kindesbeinen an.

›Europas lächelnde Seele‹ wird der Bodensee gerne genannt, der die drei Länder Deutschland, Österreich und Schweiz auf eine höchst angenehme Art verbindet. Wie ein blau schimmerndes Juwel liegt er eingefasst zwischen schneebedeckten Alpen und dem grünen Hinterland. Er hat viele Freunde: Für Millionen Wasservögel und die seltenen Pflanzen der Uferregionen ist er ein überlebenswichtiges Rückzugsgebiet, gleichzeitig bilden seine Wassermassen den größten Trinkwasserspeicher Europas. Urlauber schätzen das milde Klima, die zahlreichen Möglichkeiten für Wassersport und Outdoor-Aktivitäten.

Auch kulturgeschichtlich ist der Bodensee von Bedeutung: Der Mensch setzt hier schon seit Jahrtausenden seine Zeichen: Da sind die Pfahlbauten aus der Steinzeit, heute nach allen Regeln der Kunst restauriert und dargeboten. Auf den Anhöhen und im angrenzenden Oberschwaben stehen Kirchen von Weltruf wie die Birnau, berühmte Schlösser, Burgen und Klöster. Immer wieder hat es namhafte Künstler an seine Gestade verschlagen, manche blieben viele Jahre, wie Hermann Hesse und Otto Dix, manche für immer, wie Annette von Droste-Hülshoff.

Natürlich hat der See auch raue Seiten, etwa, wenn im Sommer urplötzlich ein Gewitter hereinbricht und Tausende weiße Segelboote fluchtartig die Häfen aufsuchen. Doch das ist sehr schnell vergessen, sobald die Frühlingssonne die Obstbäume zum Blühen bringt. Dann lächelt Europas Seele.

Erholsame Tage und inspirierende Erlebnisse wünscht Ihnen

Ihr HB-Bildatlas-Team

Mangturm im Hafen von Lindau

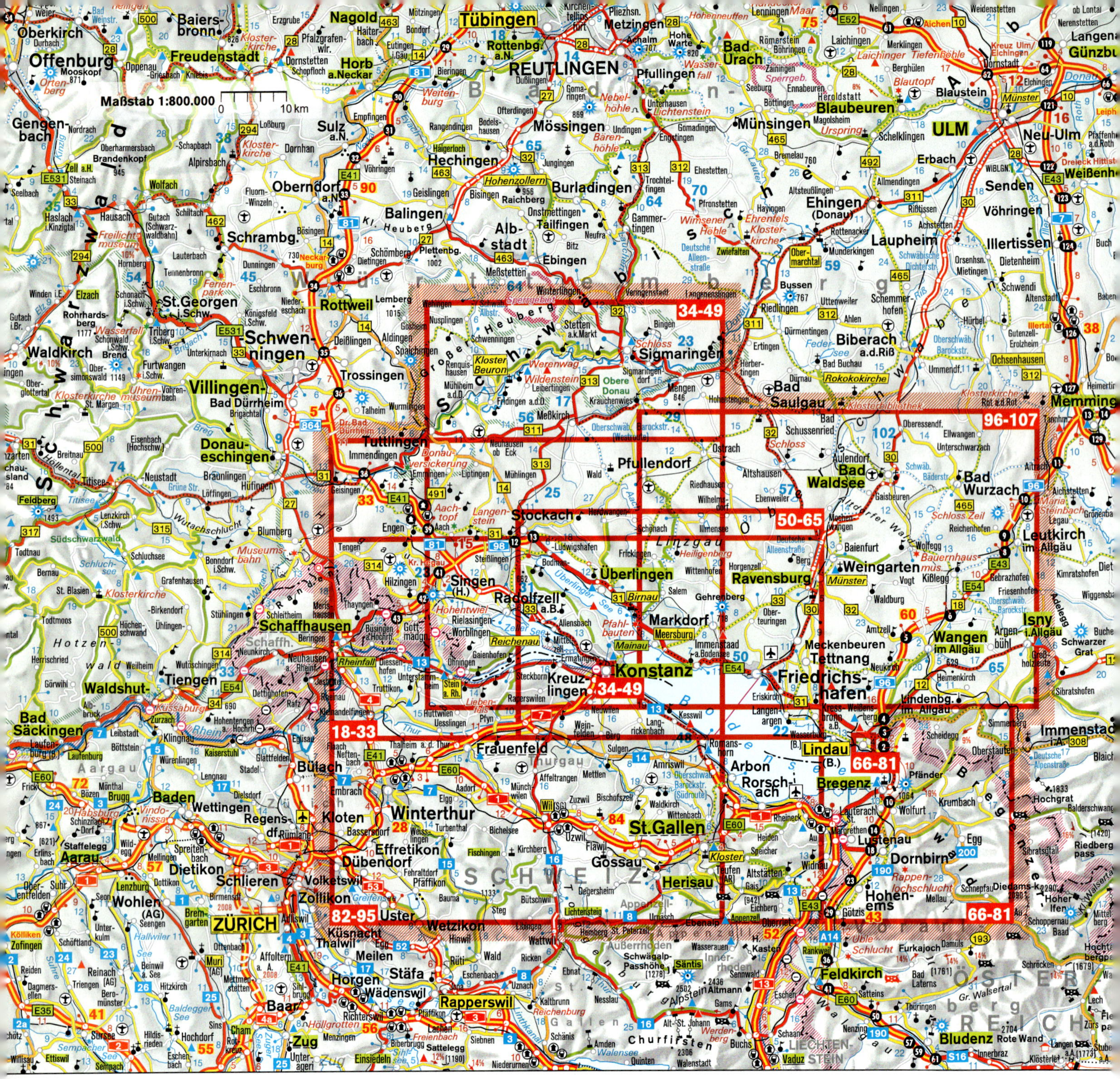

Im Winter sorgt die Fasnet für Farbenpracht

Der Bodensee von seinen schönsten Seiten: Meersburg und die Blumeninsel Mainau zählen zu den beliebtesten Zielen. Steht der Wind günstig, ist der See fest in der Hand der Segler. Zum Flanieren, gut essen und sichs wohl sein lassen ist Überlingen mit seiner herrlichen Seepromenade der rechte Ort. Die beeindruckendste Barockkirche am See ist die Wallfahrtskirche Birnau. Da stehen die Städte nicht nach, Stein am Rhein beweist es.

Vulkane und Seepromenaden

Ganz im Westen des Bodenseegebietes erheben sich die Kegel der Hegau-Vulkane, die ein herrliches Wandergebiet und eine gute Einstimmung auf den See bilden. An dessen Westspitze hat man die Qual der Wahl: Uferpromenade von Überlingen, Steinzeitdorf Unteruhldingen oder doch lieber ins Hinterland nach Salem zu Affenberg und Schloss? Auf keinen Fall auslassen sollte man die Wallfahrtskirche Birnau, ein Wunderwerk des Barock.

Paradiese von Menschenhand

Konstanz, ungekrönte Königin der Städte am See, ist einen längeren Aufenthalt wert. Zumal nebenan zwei berühmte Inseln liegen: die Mainau, wo mildes Klima

Der Frühling zaubert ein liebliches Blumenlächeln über das Hinterland des Sees bei Markdorf

und fachkundige Gärtnerhand für ein Blütenschauspiel der Spitzenklasse sorgen, und die Reichenau, einst eine heilige Insel, heute Bewahrerin romanischer Kirchen von Weltrang.

Von Burgen und Zeppelinen

Am Nordufer des Bodensees geht es lebhaft zu, vor allem in Meersburg, dessen Altstadt einen der größten Besuchermagneten bildet. Wer wissen möchte, wie sich die Menschen vor 6000 Jahren mit dem See arrangierten, ist im Pfahlbaumuseum Unteruhldingen richtig. In Friedrichshafen entstand hingegen der Mythos Zeppelin, und er lebt nicht nur im Museum weiter fort.

Umarmt von den Alpen

Ein Schmuckstück unter den Städten am See ist Lindau, dessen fotogene Altstadt sich auf einer Insel weit in den See hinausschiebt. Im benachbarten Österreich locken die Wälder rund um den Pfänder, den Hausberg von Bregenz, zum Wandern und Radfahren.

Süßes Leben am Strand

Baden, Segeln und Kanufahren kann man überall am Bodensee. Auf der Schweizer Seite allerdings besonders angenehm, weil diese noch nicht so überlaufen ist. Und an hervorragenden Restaurants herrscht kein Mangel.

Im Himmelreich des Barock

Das östliche Oberschwaben ist weit mehr als nur schmückendes Beiwerk für den Bodensee, sondern eine eigene Region: Der Dreiklang aus grünen Hügeln, Wäldern und Seen bildet ein ideales Wandergebiet. Die Kurorte stellen herrliche Wellness-Oasen dar, und die barocken Kirchen sind eine Augenweide.

Anhang

Besuchen Sie uns im Internet:
www.hb-verlag.de

Inhalt

TOP ZIEL
BESONDERS SEHENSWERT

Schöne Aussichten

Rund um den Bodensee vereinigen sich Kultur und Natur aufs Schönste: Hier erheben sich die ehrwürdigen Mauern der Meersburg, wo schon Annette von Droste-Hülshoff ihre gefühlvollsten Verse dichtete. Dort die glitzernden Zinnen der Alpen, dazwischen wogen die Wellen des ›Schwäbischen Meeres‹.

Tausend und eine Blüte

Auf der Insel Mainau vergeht die Zeit ein wenig anders als im täglichen Leben, denn dort geben die Blumenuhren den Takt an: Tulpenhaine melden den Frühling, Rosengärten duften am Rande des Sommers, Dahlienkaskaden entzünden sich im Herbst. Auf der Insel der Blumen kann man staunen und so ganz nebenbei Ideen fürs eigene Gärtlein sammeln.

Ihn trinkt keiner leer

Während sich auf seiner Oberfläche Segler, Surfer und Badegäste vergnügen, Ausflugsboote zu fröhlicher Kreuzfahrt aufbrechen, bewahren die stillen Tiefen des Bodensees seinen größten Schatz: sauberes Wasser der besten Güte, das als Trinkwasser in Millionen Haushalte fließt. So groß ist der See und so kraftvoll seine Zuflüsse, dass selbst die allerheißesten Sommer diesen Quell nicht trockenlegen können.

Farbenfrohe Umzüge

Goldhauben sind ein wichtiger Bestandteil der schönen Tracht, die die Überlingerinnen alle Jahre wieder anlässlich der Schwedenprozession anlegen. Jede Region pflegt ihre ureigenen Umzüge, Stadtfeste, Wasserprozessionen. Gäste sind immer willkommen und dürfen sich auf ein ausgelassenes Feiern freuen.

Zauber des Barock am See

In der Wallfahrtskirche Birnau zeigt sich der oberschwäbische Barock von seiner herrlichsten Seite. Zahlreiche Klöster, Kirchen und Schlösser am Bodensee und in Oberschwaben schmücken sich ebenfalls mit barocker Pracht und Fülle.

Helfferin
der
Christen

Ein rares Tröpfchen

Das milde Klima am Bodensee kommt auch den Weinreben zugute. Föhnwinde fächeln den Trauben Wärme zu, der See reflektiert die Sonnenstrahlen und rund um Meersburg und Hagnau weisen die Hänge nach Süden. Aus Müller-Thurgau, Spätburgunder und Grauem Burgunder werden köstliche Tropfen gekeltert, die Seltenheitswert haben.

Vulkane und Seepromenaden

Eine eindrucksvolle Leibgarde flankiert den Bodensee im Westen: Hier erheben die Hegau-Vulkane ihre mächtigen Schultern über dem Land. Hat man die erloschenen Riesen passiert, öffnet sich der Blick auf eine tiefblaue Wasserfläche, gespickt mit weißen Segeln. Diese ›Überlinger See‹ genannte Westspitze gehört zu den interessantesten Teilen des Bodensees: Uferpromenaden zum gemütlichen Flanieren wie in Überlingen, die Wallfahrtskirche Birnau oder das Pfahlbaumuseum Unteruhldingen setzen völlig unterschiedliche Akzente.

Schon vor 6000 Jahren lebten Menschen am See. Wie, zeigt das Pfahlbaumuseum Unteruhldingen.

▲ Von der Festung Hohentwiel schweift der Blick weit übers Hegauer Vulkanland

▲ Engens schöne Altstadt

▲ Von den Vulkanen, wie hier dem Hohenhewen, haben nur die versteinerten Schlote überdauert

▼ Die Aachquelle ist die größte Quelle Deutschlands

▲ Napoleon ließ Festung Hohentwiel schleifen, den Rest besorgte die Zeit

Bodensee – ein merkwürdiger Name! Lake Constance (Konstanzer See) nennen Amerikaner und Engländer das Gewässer ganz einleuchtend, denn immerhin ist Konstanz die wichtigste Stadt am See. In einer St. Gallener Urkunde von 890 n. Chr. ist erstmals von einem ›Lacus Podamicus‹ die Rede. Dieser Name geht auf die seinerzeit nicht unwichtige karolingische Pfalz Bodema/Potema zurück, die sich im heutigen Örtchen Bodman befand. Aus dem Podamicus-See wurde im Laufe der Zeit ›Bodemse‹. Und seit 1438 ist der Name ›Bodensee‹ fest installiert.

Feurige Leibgarde

Wer von Norden kommt, muss an der Leibgarde des Bodensees, den Hegauvulkanen, vorbei. Die beiden eindrucksvollsten Recken sind der Hohenstoffeln (844 m) und der Hohenhewen (848 m), der ›Rigi des Bodenseeraumes‹. Der Name ›hewen‹ geht auf das keltische Wort ›Keven‹ = Berg zurück. Doch was schon den Kelten als Berge erschien, sind in Wirklichkeit nichts anderes als die Reste der Schlote, in denen flüssiges Magma zu einem harten Kern aus Basalt und Phonolith erstarrte. Die Vulkanberge selbst, die vor rund 15 Mio. Jahren Feuer spuckten, wurden von den Gletschern der Eiszeit längst abgehobelt. Von diesen grandiosen Kegeln hat man ringsum eine atemberaubende Aussicht. Und das machte sie seit dem Mittelalter als Standort für eine Burg natürlich höchst attraktiv. So thront auf dem Hohentwiel die größte Festung Deutschlands, die fünf Belagerungen widerstand und als uneinnehmbar galt. Die Burg, 914 begonnen und immer weiter um- und ausgebaut, diente auch dem Enfant terrible der württembergischen Landesgeschichte, Herzog Ulrich, im Jahre 1519 als Unterschlupf. Er ekelte den Besitzer Heinrich Klingenberg aus der Burg und baute sie zur Landesfestung aus. Das Ende kam mit Napoleon, auf dessen persönliche Anordnung die Festung 1801 geschleift wurde. Geblieben ist eine bombastische Ruine, die zu besuchen ein besonderes Erlebnis ist, nicht nur des Ausblicks wegen. Wo einst im Festungshof Soldaten exerzierten, kann man Würstchen grillen, und an heißen Tagen fühlt man sich hier fast wie im Mittelmeerraum.

▲ Stille Stunden an den Ufern der Halbinsel Höri

▲ Im Juli feiert man in Moos eine große Wasserprozession

▼ Von Gaienhofen aus sticht die Solarfähre in See

▲ *Im Park von Schloss Bodman*

▼ *Hermann Hesse verbrachte viele Jahre auf der Höri*

Ganz schön frech!

Überlingen besitzt die längste Seepromenade an den Ufern des Bodensees, und wer an lauen Sommerabenden in den zahlreichen Lokalen einen Freiluftplatz ergattert, gibt ihn so schnell nicht wieder her. Bei der Fülle von Cafés und Restaurants kann man kaum glauben, dass der Ort als Hochburg des Heilfastens gilt. Auch sonst scheinen die Überlinger Provokationen nicht abgeneigt: ›Bodenseereiter‹ heißt der von Peter Lenk geschaffene Brunnen direkt am See, der alle Blicke auf sich zieht. Lenk, ein zeitgenössischer Künstler, hat dem matten Reiter die Züge des in Überlingen lebenden Schriftstellers Martin Walser verpasst, ihn auf einen müden Esel gesetzt, der, gestützt von hängebrüstigen Nixen, einem Ritt über den Bodensee entgegentrottet – dass Walser ›not amused‹ war, ist durchaus nachvollziehbar.

SPECIAL

Künstler auf der Höri

Gaienhofen 1904: Keine Eisenbahn, kein Laden, kein Metzger, keine Wasserleitung, ›nicht mal einen Pfarrer‹ – und trotzdem schlug Hermann Hesse hier Wurzeln und lebte bis 1912 in dem kleinen Ort auf der Halbinsel Höri, eingebettet zwischen Überlinger See und Gnadensee. Die Künstler, die ihm folgten, taten das eher unfreiwillig: Otto Dix, expressionistischer Maler und Regimegegner, siedelte sich 1935 in Hemmenhofen an, nachdem er im Dritten Reich seine Professur verloren hatte. Erich Heckel, einer der Gründer der expressionistischen Künstlergruppe ›Die Brücke‹, folgte 1944, als seine Werke von den Nazis als ›entartete Kunst‹ diffamiert worden waren. Max Ackermann, seit 1936 mit Lehrverbot belegt, fasste Fuß in Hornstaad, viele andere Künstler folgten in diesen winzigen Zipfel Deutschland, der noch Zuflucht gewährte. Heute lebt wieder einer, dessen Kunstwerke oft Anstoß erregen, am Rande der Höri: Peter Lenk, Schöpfer der umstrittenen Konstanzer Imperia-Skulptur, hat Bodman als Stützpunkt auserwählt.

Für Amusement der harmlosen Art sorgt hingegen ein großes historisches Fest: Jedes Jahr im Mai und Juli feiert Überlingen den glücklichen Ausgang der Belagerung

▲ *Immer viel los: Fähranlegestelle in Überlingen*

▼ *Strandbad in Überlingen*

▲ *Wahrzeichen Überlingens ist der auffallende Münsterturm*

▼ *>Hoch das Bein< heißt es jährlich im Juni beim Überlinger Schwertletanz*

▲ Überlinger Tracht

▼ Köstlichkeiten aus dem See

durch die Schweden im Dreißigjährigen Krieg mit einer ›Schwedenprozession‹. Besonders sehenswert ist die am 2. Juliwochenende, denn hier wird der ›Schwertletanz‹ aufgeführt.

Steinzeit-Romantik am See

Jahrtausende vor den Römern, Mönchen und Ausflugsbooten war der Bodensee schon besiedelt. In der Jungsteinzeit (um 4400 v.Chr.) rammten erste Siedler Pfähle in den weichen Schlick des Ufers. Als deren Überreste im 19. Jh. zutage traten, dachten ihre Entdecker, die Steinzeitmenschen hätten ganze Dörfer auf Pfählen in den See hineingestellt. Dieses Bild korrigierten die Archäologen später. Sie gingen davon aus, dass der steinzeitliche Häuslesbauer seine Hütte nicht in den See, sondern an den Uferrand setzte. Auf Stelzen stellte man die Häuser, um die Wasserspiegelschwankungen von bis zu 2 Meter auch ohne nasse Füße und nassen Hausrat zu überstehen. Wie die Archäologen in jüngster Zeit herausfanden, ist die romantische Vorstellung vom Dorf auf dem Wasser doch nicht ganz so falsch gewesen. In der Tat scheint es neben den Uferrandsiedlungen auch einzelne Dörfer auf dem Wasser gegeben zu haben. Vorteil der Nähe zum Wasser: Man hatte es zum Fischen nicht weit und war vor wilden Tieren sicher. 850 v. Chr. jedoch stieg der Seespiegel ganz enorm, und die Pfahlbauten verschwanden. Wie komfortabel die Menschen der Stein- und Bronzezeit in ihren Stelzenhäusern lebten, wie sie sich kleideten, was gekocht, gejagt und gesammelt wurde, zeigt das Freilichtmuseum Unteruhldingen. Dort wurden vier Pfahlsiedlungen nachgebaut und originalgetreu ausstaffiert. Im Taucher-Aquarium sehen die Besucher, wie Unterwasser-Archäologen arbeiten. Und wer schon immer mal wissen wollte, wie man mit Feuersteinen ein Feuerchen entfacht, wird dies von Uhldi, dem Steinzeitmenschen, beigebracht bekommen.

Unterm Bett versteckt

Fällt der Name Salem, denken die meisten nicht an das Zisterzienserkloster, obwohl es das größte und reichste Kloster in Süddeutschland war, sondern an das berühmte Elite-Internat. 1920 gründeten

▲ Bei Sipplingen wird Trinkwasser für Millionen Menschen abgezapft

▼ Nur noch 163 Berufsfischer finden am See ihr Auskommen

▲ Auch Störche lieben den Affenberg Salem ▼ Pfahlbaumuseum Unteruhldingen

Prinz Max von Baden und der Pädagoge Kurt Hahn die Schule, die heute im Westflügel des Schlosses untergebracht ist und Dependancen in Überlingen und Schloss Hohenfels hat. Golo Mann und die spanische Königin Sophia drückten hier die Schulbank ebenso wie Prinz Philip, Gemahl von Königin Elisabeth von England. Wer früh am Morgen kommt, sieht einen Pulk von Schülern ums Schloss japsen – so beginnt jeder Tag im Internat. ›Ich wurde Spezialistin darin, mich unter dem Bett zu verstecken und danach weiterzuschlafen, während die anderen joggen mussten‹, berichtete TV-Moderatorin Ariane Sommer, die Salem von 1992 bis 1995 besuchte. ›Das schlimmste für mich als Stadtkind war, dass ich mich um die Hühner kümmern musste. Ein Mal pro Woche musste ich sogar ausmisten!‹, erinnert sich Hildegard Hamm-Brücher schaudernd an ihre Salemer Zeit. Doch erlebte sie auch viel Gutes, vor allem wurden Werte wie Ehrlichkeit und Rücksichtnahme auf Schwächere dort hochgehalten. In Salem legt man großen Wert auf das soziale Miteinander. Rund 620 Schülerinnen und Schüler besuchen derzeit das Internat. Die Klassen sind klein, die Lehrer handverlesen, wer schlechte Noten schreibt, wird intensiv gefördert – das alles hat natürlich seinen Preis. 2300 Euro kostet das Schulgeld – pro Monat wohlgemerkt. Da bliebe die Elite unter sich, wenn nicht über Stipendien manch weniger gut Situiertem der Internatsbesuch ermöglicht würde. Den Ruf einer versnobten Eliteschule wird Salem allerdings wohl nie ganz loswerden.

Quarkklöße für die Berberaffen

Zum Affenberg nach Salem ziehen Familien mit Kindern in hellen Scharen, um an 291 freilaufende, sehr geschäftsmäßig dreinblickende Berberaffen Popcorn zu verfüttern. Eine Tonne wandert jährlich aus Kinderhand in Affenmund. Für die Affen ist das dennoch nur ein Snack. Ihre Hauptmahlzeiten bekommen sie vom Pflegepersonal serviert. Lieblingsspeise aller Affen sind übrigens Quarkklöße mit Erdnüssen und Haferflocken. Eine echte Sensation auf dem Affenberg sind aber auch die Störche, die man, auch ohne 7 Euro Eintritt zu bezahlen, zu Gesicht bekommt:

▼ Birnaus berühmter Honigschlecker ▲ Blick auf die grandiosen Malereien in der Kuppel der Birnau ▼ Torhaus von Schloss Salem

▲ Juwel am See: Wallfahrtskirche Birnau

▼ Der Hochaltar

Dutzende ihrer Nester, groß wie Wagenräder, zieren die Dachfirste des Hofgutes. Über 40 Störche wie aus dem Bilderbuch staksen über die grünen Wiesen: schneeweiß mit schwarzen Flügelspitzen, knallroter Schnabel und rote Strümpfe. Über den Köpfen der Affenbesucher starten und landen die riesigen Vögel, und rund um die Gartenwirtschaft klappern die Storchenschnäbel um die Wette mit dem Geschirr.

Im Himmel auf Erden

Warum heiraten jährlich rund 50 Paare, Tendenz steigend, in der Wallfahrtskirche von Birnau und kommen dafür zum Teil von sehr weit her? Unser Kirchenführer lacht: ›Weil sie hier im Himmel auf Erden sind! Dieses Fluidum springt über!‹ Eingebettet in Weinberge und Obstgärten, leicht erhöht am Ufer des Sees, hebt sich die Wallfahrtskapelle zu Ehren der Muttergottes galant aus dem grünen Umland hervor. Die Äbte von Salem, deren Hang zum Prunk nicht unumstritten war, ließen sie 1746 – 1750 von Peter Thumb aus Vorarlberg erbauen, Joseph Anton Feuchtmayer schmückte sie mit Stukkaturen aus, Gottfried Bernhard Göz schuf die Bemalung. Entstanden ist ein barockes Fortissimo aus Farben und Formen, Balustraden und Ornamenten, Erkern und Nischen. Überall lugen Putten hervor, darunter der berühmte ›Honigschlecker‹ am rechten Seitenaltar des hl. Bernhard. Die Figur weist auf die Beredsamkeit des hl. Bernhard hin, dem die Worte wie Honig aus dem Mund geflossen sein sollen. Der Glanz der Birnau wirft sein Licht auch auf die Heiratenden. ›Diese Flammen des Rokoko schaffen in ihrer Feurigkeit etwas, was sonst keine Epoche schafft‹, erläutert unser Kirchenführer. Addiere man zum Heiratserlebnis, das ja aus sich heraus die Beteiligten innerlich glühen lasse, dann noch diese einzigartige Kirche, verstehe man, dass die Hochzeitspaare wie auf Wolken schweben. ›Das wunderschöne Panorama verstärkt das innere Gefühl‹. Übrigens: Mindestens ein Ehepartner muss katholisch sein, um hier heiraten zu dürfen. Die Birnau für Kurzentschlossene, den Jahr vorher muss man die H den. Besonders begehrt? N mine im Mai.

Immendingen
ENGEN
TENGEN
Emmingen-Liptingen
Mühlingen
Sauldorf
Wald
PFULLENDORF
Ostrach
STOCKACH
Eigeltingen
AACH
Orsingen-Nenzingen
Volkertshausen
Mühlhausen-Ehingen
SINGEN
Steißlingen
Hilzingen
Thayngen
Gottmadingen
Rielasingen-Worblingen
Moos
RADOLFZELL am Bodensee
Bodman-Ludwigshafen
Sipplingen
Owingen
ÜBERLINGEN
Salem
Frickingen
Heiligenberg
Herdwangen-Schönach
Hohenfels
Deggenhausertal
Uhldingen-Mühlhofen
Bermatingen
MARKDORF
MEERSBURG
Immenstaad am Bodensee
Hagnau
Allensbach
Reichenau
Gaienhofen
Öhningen
STEIN
STECKBORN
KONSTANZ
KREUZLINGEN
Tägerwilen
Kemmental
Münsterlingen
SCHAFFHAUSEN
DIESSENHOFEN
Gailingen
Feuerthalen
Überlinger See
Bodensee
Zellersee
Gnadensee
Untersee
Rhein
Maßstab 1:200.000
46
104

Infos

Bei der Mooser Wasserprozession im Juni sind Jung und Alt auf den Beinen

ENGEN ①

Die zwischen 1140 und 1180 gegründete Stadt besticht noch heute durch ihre idyllische Altstadt, die zu den besterhaltenen Stadtanlagen Süddeutschlands zählt.

Museum: Fast die ganze Westseite der Altstadt wird vom **Dominikanerinnenkloster St. Wolfgang** beherrscht (erbaut 17./18. Jh.). Hier befindet sich das städtische Museum (mit Galerie), das unter anderem die steinzeitlichen Funde aus dem Brudertal und vom Petersfels vorstellt. International herausragendes Fundstück ist die Venus von Engen, eine Frauengestalt aus Gagat, angefertigt vor rund 12 000 Jahren (Di. – Fr. 14.00 – 17.00, Sa., So. 10.00 – 17.00 Uhr).

Umgebung: Nicht nur an verregneten Urlaubstagen hebt ein Besuch im 13 km östlich von Engen gelegenen **Fasnetsmuseum Schloss Langenstein** die Laune ganz beträchtlich: Hier kann man in Ruhe Maske und ›Häs‹ (Gewand) zahlreicher Narrenfiguren der schwäbisch-alemannischen Fasnet studieren (Mi., Sa., So. 13.00 – 17.00 Uhr).

ⓘ Verkehrsamt, Hauptstr. 11, 78234 Engen, Tel. 07733/502202, Fax 07733/502299, www.engen.de

SPECIAL

Ein grobgünstiges Gericht

Was haben Franz-Josef Strauß, Angela Merkel und Guido Westerwelle gemeinsam? Sie alle wurden schon vor das ›Stockacher Grobgünstige Narrengericht‹ zitiert: Immer während der alemannischen Fasnet wird im 4 km von Ludwigshafen entfernten Stockach eine prominente Persönlichkeit mit viel Brimborium angeklagt, muss sich verteidigen und wird dann zum Gaudium der Zuschauer verurteilt. 2005 saß der Ministerpräsident des Saarlandes, Peter Müller, auf der Anklagebank. Ihm wurden ›Schauspielerei, Machtbesessenheit und Prinzipienlosigkeit‹ vorgeworfen. Ihm gelang, was nicht einmal Angela Merkel schaffte: Er erwirkte einen Freispruch, was seit der Gründung des Gerichts vor 654 Jahren noch nie passiert war. Müller überzeugte das Gericht davon, dass es als Politiker mitunter vonnöten sei, zu schauspielern: ›Es ist hochgefährlich, die Wahrheit zu sagen.‹ Ganz ungeschoren ließen die Stockacher den Politiker aber nicht von dannen ziehen, hatte er doch die närrischen Richter in seiner Verteidigungsrede als ›Beischläfer‹ verunglimpft, wofür er zu einer Ordnungsstrafe von zwei Eimern Wein à 60 Litern verdonnert wurde.

SINGEN ②

Vom Hohentwiel aus überblickt man Singen am allerbesten: sich weit hinziehende Gewerbe- und Neubaugebiete, Gleisanlagen, keine Altstadt im engeren Sinn. 787 wurde das heutige Wirtschaftszentrum des Hegaus erstmals urkundlich erwähnt und zieht heute vor allem als Einkaufsstadt Publikum an.

Sehenswert: Der 688 m hohe, erloschene Vulkankegel **Hohentwiel** grenzt direkt an die Stadt und trägt heute die größte Festungsruine Deutschlands (tgl. 16. März – 31. März 10.00 – 18.00, Apr. – 15.Sept. 9.00 – 19.30, 16. Sept. – 31.Okt. 10.00 – 18.00, Nov. – 15.März 11.00 – 16.00 Uhr).

Museen: Im **Hegaumuseum** für Vor- und Frühgeschichte im Gräflichen Schloss werden Funde aller Epochen präsentiert. Glanzstücke sind die Beigaben aus alamannischen Gräbern des 6./7. Jh.n.Chr. (Di. – Sa. 14.00 – 18.00, So. 14.00 – 17.00 Uhr).

Feste: Heerscharen lockt der Hohentwiel auch heute noch an, wenn jährlich im Sommer das **Hohentwielfest** stattfindet. Ray Charles hat hier schon gespielt und Miles Davies, Patricia Kaas und Nigel Kennedy. Auf der Wiese ist die Hölle los und man singt, tanzt, rockt und jazzt bis tief in die Nacht (aktuelles Programm über Tourist-Information).

ⓘ Tourist-Information, August-Ruf-Str. 13, 78224 Singen, Tel. 07731/85260, Fax 85263, www.singen.de

TIPP

Most, Wein und Fell

Gleich am Parkplatz der Burgruine Hohentwiel blöken über 600 Schafe. Sie gehören zur Domäne Hohentwiel, die hier auch ihre Produkte direkt vermarktet: Most und Obstbrand, Wolle, Wurst und Fell vom Hohentwiel-Schaf. Gleich daneben liegt die kleine Besenwirtschaft, wo man den Most vor Ort kosten kann (Hofladen: Mi., Do., Fr. 17.00–19.00, Sa. 10.00–16.00 Uhr, Besenwirtschaft und Führungen durch die Schäferei: Tel. 07731/181406).

RADOLFZELL ③

Wo heute das Münster steht, errichtete im Jahre 826 n.Chr. Radolf, Bischof von Verona, eine Zelle und stattete sie mit den Reliquien der beiden Märtyrer Theopont und Senesius sowie Gebeinen des Veroneser Bischofs Zeno aus. Viele Gläubige besuchten diese drei ›Hausherren‹ von Radolfs-Zelle, das rasch zu einem bedeutenden Wallfahrtsort wurde. 1100 erhielt Radolfzell Marktrecht, 1267 Stadtrecht.

Sehenswert: Baubeginn für das spätgotische **Münster Unserer Lieben Frau** war das Jahr 1436. Vermutlich stand hier schon eine romanische Vorgängerkirche. Das Langhaus wurde erst 1550 fertig gestellt. 1903 errichtete man an Stelle eines eckigen Turmdaches eine neugotische Pyramide mit vier schmucken Ecktürmchen. Besonders schön ist die Rokoko-Hausherrenkapelle am Ende des linken nördlichen Seitenschiffs und der Rosenkranzaltar (1632) im südlichen Seitenschiff.

Aktivitäten: Die **Halbinsel Mettnau** wird von Kurgästen der ›Mettnau-Kur‹ wegen geliebt, Teichrohrsänger und viele andere Vögel hingegen zieht es der Riedflächen wegen hierher, die als Naturschutzgebiet ausgewiesen sind. Von den Beobachtungsständen aus und bei naturkundlichen Führungen kann man das Gebiet erforschen, ohne die Tiere zu stören. Infos und eine Ausstellung zur Mettnau bietet das Naturschutzhaus (Mörikeweg 1, März – Okt. Sa.,So. 14.00 – 18.00 Uhr).

2004 eröffnete die **Bodensee-Sauna** Radolfzell, kurz **›bora‹** genannt: ein ganzes Sauna-Dorf mit allem, was sich der Saunagast von heute wünschen kann, inklusive direktem Zugang zum See (Mo.–Sa. 10.00–23.00, So. 10.00–22.00, Tel. 07732/906330, www.bora-sauna.de).

Feste: Jedes Jahr am 3. Sonntag im Juli feiern die Radolfzeller das **Hausherrenfest** zu Ehren ihrer Stadtpatrone Theopont, Senesius und Zeno. Dieses Fest zählt zu den farbenprächtigsten am Bodensee, denn bei der Prozession durch die Altstadt tragen Frauen die hiesige Tracht, zu der eine filigrane, ausladende Goldhaube gehört. Auch die berühmte **Mooser Wasserprozession** am darauf folgenden Montag ist Bestandteil des Hausherrenfestes. Dann schickt die Nachbargemeinde **Moos** kleine blumengeschmückte Boote über den See aus Dankbarkeit, dass ihr Vieh durch den Beistand der ›Hausherren‹ von der grassierenden Viehseuche im Jahre 1796 verschont blieb.

Umgebung: 4 km südlich von Radolfzell schiebt sich zwischen Untersee und Zellersee die **Halbinsel Höri**. Sie steht wegen ihrer lieblichen, waldreichen Landschaft hoch in der Gunst der Besucher. In Gaienhofen lebte Hermann Hesse viele Jahre. Im Hermann-hesse-Höri-Haus kann man durch des Dichters Wohnräume wandeln, seine Schreibmaschine und den Schreibtisch bestaunen, an dem Hesse 60 Jahre lang seine Werke verfasste (Mitte März–Okt. Di.–So. 10.00–17.00, Jan.– Mitte März Fr., Sa. 14.00–17.00, So. 10.00–17.00 Uhr).

Hermann Hesses Haus in Gaienhofen

Im Ortsteil **Gaienhofen-Hemmenhofen** ist vor allem das ehemalige Wohnhaus des Malers Otto Dix sehenswert, das zu einer Gedenkstätte umfunktioniert wurde (eine Woche vor Ostern–Okt. Mi.–Sa. 14.00–17.00, So. 11.00–18.00 Uhr).

Höhepunkt der Ausstattung im Überlinger Münster ist der kunstvoll geschnitzte Hochaltar

ⓘ Touristinformation, Bahnhofsplatz 2, 78315 Radolfzell, Tel. 07723/81500, Fax 81510, www.radolfzell.de

Bodman-Ludwigshafen 4

Bodman, mit Ludwigshafen zu einer Doppelgemeinde verschmolzen, erstreckt sich zwischen See und dem grünen Schutzwall des Bodmansrück. In Bodman endet die Durchgangsstraße, sodass man hier ruhige Stunden bei Spaziergängen durch die netten Gassen verbringen kann. Nachdem Großherzog Ludwig von Baden 1826 im gegenüberliegenden Ort Bermatingen einen Hafen anlegen ließ, benannte er gleich den ganzen Ort in ›Ludwigshafen‹ um. Heute ist die Gemeinde ein beliebter Badeort.

Sehenswert: Ein besonderer Augenschmaus ist das gräfliche **Schloss zu Bodman** aus dem 18. Jh., das rosa hinter blühenden Hecken hervorleuchtet. Öffentlich zugänglich ist allerdings nur der Park (April–Okt. Mo. bis Fr. 9.00–18.00 Uhr).

Umgebung: In **Sipplingen**, ca. 4 km südöstlich von Ludwigshafen entfernt, hat die Bodenseewasserversorgung ihren Sitz (Besichtigung Mo.–Sa., 9.00, 11.00, 13.30, 15.30 Uhr, Tel. 07551/833157). Das ehemalige Fischerdörfchen glänzt mit einer mustergültig gepflegten Altstadt und der Erlebniswelt Sipplingen, wo Puppen, historische Motorräder und Eisenbahnmodelle ausgestellt sind (Apr.–Okt. tgl. 10.00–18.00, Nov.–März Sa., So., Fei. 11.00–17.00 Uhr). Ca. 6 km südlich von Bodman liegt die **Marienschlucht**, deren spektakuläre Felsschlünde durch Holzstege und -brücken erschlossen sind.

ⓘ Touristeninformation Büro Bodman: Seestr. 5, 78351 Bodman-Ludwigshafen, Tel. 07773/939695, Fax 939696, Büro Ludwigshafen: Hafenstr. 5, 78351 Bodman-Ludwigshafen, Tel. 07773/930040, Fax 930043, www.bodman-ludwigshafen.de

Überlingen 5

Wein, Getreide und Salz legten einst den Grundstock für Überlingens Reichtum. Der Ort wurde 770 erstmals urkundlich erwähnt und zählt heute zu den meistbesuchten Städten am ganzen Bodensee.

Sehenswert: Eine gewisse mediterrane Leichtigkeit vermittelt der Turm des **Münsters St.**

SPECIAL

Wasser erster Güte

Über 4 Millionen Menschen, das sind 40 Prozent der Bevölkerung von Baden-Württemberg, trinken Wasser aus dem Bodensee. Ein gigantisches Netz an Pipelines durchzieht das Land von Überlingen zur Schwäbischen Alb und Stuttgart bis nach Bad Mergentheim und Triberg. 1954 hatten 13 Gemeinden den ›Zweckverband Bodenseewasserversorgung‹ gegründet, heute gehören ihm 179 an. Zu Beginn des Projektes gab es viele kritische Stimmen: ›Die trinken uns den See leer!‹, befürchteten Bodenseeanrainer. Doch diese Sorge konnten die Wasserexperten rasch entkräften: Jährlich fließen 11,5 Milliarden Kubikmeter Wasser aus dem Rhein und den anderen Zuflüssen ins ›Schwäbische Meer‹, wie der Bodensee gerne genannt wird. Davon zapft die Wasserversorgung gerade mal 130 Millionen Kubikmeter ab. Entnommen werden dürfen höchstens 670000 Kubikmeter pro Tag, das entspricht 50 Badewannen pro Sekunde. Doch selbst am 8. August, dem heißesten Tag des Jahrhundertsommers 2003, als so viel Wasser wie noch nie zuvor gezapft wurde, musste der Bodensee nur 531000 Kubikmeter spenden. Bereits das Rohwasser direkt aus dem See hat Trinkwasserqualität, da dessen tiefe Wasserschichten außergewöhnlich sauber sind. Trotzdem durchläuft es noch drei Reinigungsstufen, bevor es als Wasser der höchsten Gütestufe über fast ganz Baden-Württemberg verteilt wird.

Infos

Nikolaus, denn ein schmuckes Geländer trennt den wuchtigen Hauptteil von einem verspielten Turmaufsatz mit reichlich spitzer Haube. 1350 wurde mit dem Bau des Münsters begonnen, 1586 setzten die Handwerker den letzten Stein auf die größte spätgotische Kirche am Bodensee. Innen überspannt ein sehr schönes Rautensterngewölbe den Raum. Unbedingt sollte man einen Blick auf den Hochaltar werfen, ein zehn Meter hohes Meisterwerk aus Holz übervoll mit Figuren, Ranken, Verzierungen. Geschnitzt haben den Altar, der als ein Hauptwerk des Manierismus gilt, Jörg Zürn und seine Brüder 1613 bis 1616 (tgl. 8.00 – 18.00 Uhr).

1494 wurde im **Rathaus** der herrliche getäfelte Saal mit seinen 41 Figuren aus Lindenholz geschaffen, der im Rahmen von Führungen zu besichtigen ist (Mai – Sept., Mo. – Do. 11.00, 14.00, Fr. 11.00, Okt. – Apr. Mi. 11.00, Di., Do. 14.00 Uhr).

An der **Greth** (auch Gred geschrieben) kommt jeder Besucher vorbei, denn dieses spätgotische Lagerhaus steht direkt am Landungskai der Fähren. 1788 wurde es von Franz Anton Bagnato im klassizistischen Stil neu gestaltet. Heute überspannt das mächtige Gaubendach Restaurants, Läden, die Touristeninformation und ein Kino. Mittwochs und samstags ist **Markt** hinter der Greth.

Museen: Nicht nur für kleine Mädchen: die Puppenstuben von der Renaissance bis zum Jugendstil im **Städtischen Museum**. Neben der vorzüglichen Krippen-Sammlung zählen die Schnitzarbeiten der Gebrüder Zürn und Statuen von Joseph Anton Feuchtmayer zu den herausragenden Exponaten des Museums (Di. – Sa. 9.00 – 12.30, 14.00 – 17.00, Apr. – Okt. auch So., Fei. 10.00 – 15.00, Führungen Fr. 11.00 Uhr). Das **Reichlin-von-Meldegg-Haus** aus dem Jahr 1462 besitzt einen prachtvollen Barock-Festsaal, und vom Park aus hat man einen schönen Blick in die Altstadt. Zeitgenössische Kunst zeigt die **Städtische Galerie ›Fauler Pelz‹** direkt am Landungssteg (tgl. 10.00 – 12.00, 15.00 bis 18.00 Uhr). Blicke in den Kosmos erlaubt bei klarem Himmel die **Sternwarte** (Wiestorstr. 31, Apr. – Sept. ab 21.00, Okt. – März 20.00 Uhr).

Salemer Berberaffe in Wartestellung

TIPP

Auf dem Hohenbodman

Steile Holztreppen führen auf den Aussichtsturm Hohenbodman, von dem aus man eine hervorragende Sicht auf den westlichen See, sein Hinterland und, sofern das Wetter mitmacht, auf die Alpen hat. Den Turm (rund 13 km nördlich von Überlingen) erreicht man über Owingen. In der Ortsmitte von Hohenbodman beim Feuerwehrhaus treibt jedes Frühjahr eine uralte Linde ihre herzförmigen Blätter aus, und das seit mindestens 800 Jahren.

Musik: Musikalische Höhepunkte am See: Vier Mal pro Saison lädt die Stadt zum Überlinger Orgelsommer ins Münster ein (Informationen: Tel. 07551/68557).

Veranstaltungen: Schwedenprozession und Schwertletanz im Mai und Juni (Termine über die Kurverwaltung).

Aktivitäten: Rückenweh? Schlechtes Wetter? Oder einfach Lust auf Schwimmen? Die 2003 eröffnete Bodenseetherme bietet neben einer Traumlage direkt am See auch einen umfangreichen Wellness-Komplex (tgl. 10.00 bis 22.00, Fr., Sa. bis 23.00 Uhr).

ⓘ Kur- und Touristik GmbH, Landungsplatz, 88662 Überlingen, Tel. 07551/991122, Fax 991135, www.ueberlingen.de

Uhldingen-Mühlhofen 6

Die Doppelgemeinde wurde schon mehrfach für ihren umweltfreundlichen Tourismus ausgezeichnet. So verwenden z.B. viele Hotels und Gaststätten Produkte aus ökologischem Anbau, Autos müssen außerhalb der Zentren geparkt werden.

Museum: Wie sich das Leben am Wasser der Menschen in der Stein- und Bronzezeit gestaltete, zeigt das **Pfahlbaumuseum Unteruhldingen** auf sehr anschauliche Weise (Feb. So. 10.00 – 16.00, März und Nov. Sa., So. 9.00 – 17.00, ab der Karwoche tgl. 9.00 – 17.00, Apr. – Sept. tgl. 8.00 – 18.00, Okt. tgl. 9.00 – 17.00 Uhr).

Umgebung: Auf einer Anhöhe ca. 2 km nordwestlich von Uhldingen thront nahe der B 31 die Wallfahrtskirche St. Maria in **Birnau** (1746 – 1750), die schönste Barockkirche am Bodensee. Erstmals wurde 1222 ein Marienheiligtum in Birnau erwähnt. Der Marienaltar, dem sich heute fromme Pilger nähern, die ›Liebliche Mutter von Birnau‹, wurde um 1450 geschaffen (tgl. ab 8.00 Uhr).

Heiligenberg, 19 km nördl. von Uhldingen-Mühlhofen, ist wegen seiner herrlichen Lage hoch über dem Salemer Tal einen Abstecher wert. Unbedingt sehenswert ist das Renaissance-Schloss der Fürsten zu Fürstenberg (1557). Von außen wirkt die Vierflügelanlage nicht sehr bombastisch – innen aber wird ein Prunk entfaltet, der seinesgleichen sucht. So gilt der 36 m lange Rittersaal als der schönste Festsaal des Landes (Führungen Ostern bis Okt. Di. – So. 11.00, 14.00, 15.30 Uhr).

Zur Fasnet tagt in Stockach das Narrengericht

1134 beschenkte Ritter Guntram von Adelsreute die Zisterzienser mit einem Dorf ›Salamswilare‹, 6,5 km nördlich von Uhldingen gelegen. Den Namen **Salem** übernahm das hier 1137 gegründete Kloster, der abgekürzt für Jerusalem steht. 1802/1803 bei der Aufhebung der Klöster fiel dieses an den Markgrafen von Baden, der es als Schloss nutzte. Seit 1919 ist ein Teil der Gebäude von Salem Internat. Schönster und zentraler Teil des Klosters ist das Münster, eine kreuzförmige Basilika (Baubeginn 1297). Schloss Salem und Münster sind nur im Rahmen von Führungen zu besichtigen (Apr. – Okt. Mo. – Sa. 9.30 – 18.00, So., Fei. 10.30 – 18.00 Uhr).

Der **Affenberg Salem** mit freilaufenden Berberaffen und anderen Tieren ist vor allem eine Attraktion für Familien mit Kindern (März – Okt. tgl. 9.00 – 18.00, sonst bis 17.00, Storchenfütterung tgl. 11.00 und 16.00 Uhr).

ⓘ Touristinformation, Schulstr. 12, 88690 Uhldingen-Mühlhofen, Tel. 07556/92160, Fax 921620, www.seeferien.de

Paradiese von Menschenhand

Die grüne Halbinsel Bodanrück teilt den westlichen Bodensee in zwei Hälften. Jede wartet mit einem ganz besonderen Highlight auf: Im Untersee liegt die Reichenau, einst Insel der Mönche und heute ihrer drei romanischen Kirchen wegen UNESCO-Weltkulturerbe. Den Überlinger See hingegen ziert ein buntes Juwel, die Blumeninsel Mainau.
Am äußersten Ende des Bodanrück liegt Konstanz, quirlige Universitätsstadt mit ehrenwerter Vergangenheit: immerhin wurde hier schon einmal ein Papst gewählt.

Auf der Insel Mainau beginnt das Blumenjahr mit einer wahren Flut von Tulpen.

Bick vom Festland aufs Schloss der Mainau

Die Mainau steht auch für monumentale Blütenkunst

Kitsch oder Kunst? Schloss Mainau mit Riesengartenzwerg

▲ Turmhäuschen ▼ Besondere Besuchermagneten sind auch Rosengarten und Palmenhaus

Schwäbische Riviera wird der Bodensee gerne genannt. Das Klima ist so mild und angenehm, weil die Hügelketten im Norden vor eisiger Kaltluft schützen und über das breite Tal des Alpenrheins trockene Föhnluft aus dem sonnigen Süden über den See geblasen wird. Vor allem dem See selbst verdankt die Gegend ihr ausgeglichenes Klima. Die gewaltigen Wassermassen speichern den ganzen Sommer über Wärme, die von Herbst an wieder abgegeben wird. Davon profitiert auch die Mainau, das Blütenwunder im Bodensee.

Kein Platz für den Zufall

Kein anderer Ort am Bodensee reizt die Möglichkeiten des milden Klimas so aus wie die Blumeninsel Mainau. Jedes Jahr strömen 1,2 Millionen Besucher auf die Insel bei Konstanz und wandeln von März bis tief in den Herbst hinein in einer immer wechselnden Symphonie aus Düften, Farben und Formen. Rund 70 Gärtner pflanzen auf der Mainau Hornveilchen, Begonien, Mohn, verändern und erneuern Beete, legen verschlungene Rabatten an, wecken Palmen, Hibiskus und Zitronenbäume aus dem Winterschlaf, rupfen Unkraut und zapfen Seewasser zum Gießen ab. Gartenbauingenieur Markus Zeiler gibt, einem Orchesterdirigenten gleich, den Einsatz an: Wenn die Kirschen blühen, sollen sich unter ihren Zweigen farblich abgestimmte Tulpen öffnen, sodann haben die majestätisch-prunkenden Rhododendronsträucher ihren Auftritt, auf die der duftende Reigen der Rosen folgt. Das letzte Mal hebt Markus Zeiler den Taktstock für die Dahlien, die im Herbst für ein farbenfrohes Finale sorgen. Nichts auf der Mainau wird dem Zufall überlassen. Damit Millionen in ihren Bedürfnissen völlig verschiedene Pflanzen gedeihen und zur rechten Zeit aufblühen, muss ein Rädchen perfekt ins andere greifen. Egal ob Ostern früh ins Jahr fällt oder spät, wenn die Osterbesucher kommen, müssen Tulpen blühen. Das heißt, im Herbst genau zu überlegen, ob früh- oder spätblühende Zwiebeln in den Boden gesteckt werden. Damit auch bei der legendären Dahlienblüte ab September die Mainau-typische Fülle herrscht, kommen 12 500 Dahlien in 270 Sorten ganz bewusst erst im Juni ins Freie, doch

▲ Der Rheintorturm war einst Teil der Konstanzer Stadtbefestigung

► Kaiser und Papst? Wohl ein leichtes Spiel für die berühmte Kurtisane Imperia

▲ Kinder und Wasser, das passt auch auf der Marktstätte

▼ Konstanzer Hafeneinfahrt

▲ Einst Dominikanerkloster, heute Nobelhotel

nicht als Knollen, wie anderswo üblich, sondern als Stecklinge. Auf diese Weise wird der Bestand gleichmäßiger, und die Blütezeit kann exakt kontrolliert werden. Doch selbst auf der Mainau erklingt manchmal ein falscher Ton: Inmitten der reinweißen und roten Tulpen blühten dereinst plötzlich auch gescheckte auf! Vielleicht, so Zeiler, seien in Holland ein paar Zwiebeln in den falschen Sack gewandert. Übrigens: auch im Winter hält die Mainau ihr Pforten geöffnet: Schmetterlingshaus und Palmengarten verströmen dann einen besonderen Reiz. Und die Liebhaber der Bäume können jetzt ganz in Ruhe unter den Weihrauchzedern und Mammutbäumen im Arboretum dahinschlendern, den Gedanken nachhängen und auf den winterlichen See blicken, wo jetzt Tausende Zugvögel bis zum Frühjahr zu Gast sind.

SPECIAL

Bloß nicht berühren!

Eine der bezauberndsten Ecken der Mainau ist das Schmetterlingshaus. Man öffnet die wuchtige Tür des Glastempels, feuchtwarme Luft legt sich schwer auf die Haut, man hört Wasser plätschern und plötzlich: ein lautloses Flügelflattern hier und dort und überall! Schmetterlinge, manche groß wie ein Sperling und bunt wie ein Papagei, schweben durch den grünen Dschungel. Unter den 25 Arten von Tagfaltern gibt es auch winzige mit transparenten Flügeln, andere schimmern in metallisch-glänzenden Tönen. An Obsttellerchen voller Orangenschnitze tanken die luftigen Wesen neue Energie und sitzen lange genug in Reichweite der Kameras, auf dass herrliche Fotos gemacht werden können. Erwachsene sind beeindruckt, Kinder hell entzückt und springen den Faltern nach, aber Vorsicht – anfassen darf man diese zarten Wesen nicht.

Königin des Sees

Es gibt Menschen, die finden Konstanz: ›bieder, langweilig, provinziell – die haben doch nichts zu bieten außer ihrem Konzil und der Imperia‹ – zu beidem später mehr. Wer solchermaßen geimpft die Stadt kennen lernt, wird im Sommer seinen Augen nicht trauen: Nette Gassen, auffallend viele junge Menschen (Konstanz ist Unistadt),

▲ *Blick ins Münster Unserer Lieben Frau*

▼ *Im Konzil wurde sogar schon ein Papst gewählt*

▼ *Archäologisches Landesmuseum*

▼ *In den Schatzkammern des Rosgartenmuse*

▲ Feuriger Höhepunkt des Seenachtsfestes jährlich im August

SPECIAL

Habemus papam!

Aus Deutschland stammen nicht nur Päpste, hier wurden sogar schon welche gewählt. So 1414–1418 in Konstanz, als hier das Kirchenkonzil tagte. Die Geistlichen wollten die Zerrüttung in den eigenen Reihen wieder kitten und sich auf einen Papst einigen – damals gab es dero drei zur selben Zeit. Nach Konstanz, das sich schon fast als zweites Rom sah, strömten neben den Teilnehmern des Konzils und deren Bediensteten auch andere Nutznießer aller Art: Händler, Ganoven, Huren (angeblich 700 an der Zahl). Normalerweise lebten im mittelalterlichen Konstanz 6000 Bewohner, während des vierjährigen Konzils beherbergte die Stadt 50000 Menschen, und das Chaos blieb nicht aus. Die Fischer schafften es nicht, genügend Fisch aus dem See zu ziehen, man holte Nachschub aus Italien, aß Schnecken und Frösche und trank Wein – Bier war unüblich, und so brachten sich die Bischöfe von Oppeln und Breslau je ein Fass Bier von zuhause mit. Als es an die Papstwahl ging, schlossen sich die Würdenträger drei Tage und drei Nächte im alten Kaufhaus am Hafen ein, das heute ›Konzil‹ genannt wird, dann stand der neue Papst fest: der Römer Martin V. Habemus papam! Endlich kehrte Normalität zurück.

witzige Brunnen und einladende Bänkchen, Straßencafés in Fülle, Kulturzentren, Museen, das spannende Sea-Life Center, Musikveranstaltungen und Rockevents, von biederem Bürgermief keine Spur. Man fühlt sich fast wie am Mittelmeer, besonders am Hafen, wo der warme Seewind bläst. Dort dreht sich seit 1993 die ›Imperia‹, die an das Konzil im 15. Jh. erinnern soll. Allerdings handelt es sich bei der spärlich bekleideten Dame um eine Edelhure, die ›Keuschheitsgelübde in Liebessehnen verwandelt‹ haben soll. Die Imperia hat tatsächlich 1455–1511 gelebt, wenn auch in Rom. Nach Konstanz verpflanzte sie Honoré de Balzac rein literarisch. Neun Meter ist die Imperia-Statue hoch, 15 Tonnen schwer und trägt winzige Jammergestalten auf ihren Handflächen, links einen Papst und rechts einen Kaiser. Ein Aufschrei ging

▲ *Blick von Allensbach auf die Insel Reichenau*

▲ *Kirchen und Gewächshäuser prägen die Insel Reichenau*

▼ *Abendstille senkt sich auf Konstanz*

▼ *Immer viel los im Innenhof der Universität*

▲ *Kunstvolle Fassade des Zeppelinhauses*

durch die Stadt, als Fremdenverkehrsverein und Bodensee-Schifffahrtsbetriebe das ›Hurendenkmal‹ quasi im Handstreich aufstellen ließen. Unmoralisch im höchsten Grad, vielleicht sogar frauenfeindlich, lauteten noch die mildesten Beschimpfungen für das Werk des Bodmaner Künstlers Peter Lenk. Ganz Deutschland blickte auf Konstanz, wo sich sogar eine Gemeinderatsmehrheit für die Entfernung der Statue fand. Doch es fehlte die Handhabe, weil die Imperia nicht auf städtischem Grund steht. Bei einer Umfrage der Tageszeitung ›Südkurier‹ stellte sich indes heraus, dass über 75 Prozent der Konstanzer die Imperia behalten wollten! Zum Glück, denn schöne Kirchen haben auch andere Städte, eine ›Hübschlerin‹ hat nur Konstanz.

Die Reiche Au

Endlose Reihen Salat und Hunderte Gewächshäuser – dies sehen die Besucher als Erstes, sobald sie den von Pappeln gesäumten Damm passiert haben, der auf die Insel Reichenau führt. 2,4 km², also über die Hälfte der Inselfläche, dienen dem Gemüseanbau, davon 0,5 km² unter Glas. 18 000 t Frischgemüse werden auf einer Insel erzeugt, die seit 2001 zum UNESCO-Weltkulturerbe zählt – freilich nicht der Kohlköpfe wegen, sondern wegen der baulichen Überreste einer über 1000-jährigen Mönchskultur. 724 gründete der Wandermönch Pirmin das Benediktinerkloster und legte damit den Grundstein für den Ausbau zur Klosterinsel. Über 20 Kirchen und Kapellen verwandelten das nur per Boot zugängliche Eiland in eine heilige Insel. Vom 9. Jh. an nahmen Ansehen und Macht stetig zu, denn hier wirkten 300 Jahre lang mit die klügsten Köpfe und fähigsten Künstler ihrer Zeit. Die Äbte galten als wichtige Berater der karolingischen Herrscher, der Ottonen und Salier, einige von ihnen erzogen die Prinzen, wirkten als Kanzler und Gesandte. Die ›Reiche Aue‹ (riche auwe) entwickelte sich zu einem Hort der Gelehrsamkeit, dessen Klosterbibliothek weithin berühmt war. Abt Walahfrid Strabo, der 838 – 848 auf der Insel lebte, schrieb das vielen Gartenfreunden bekannte Lehrgedicht ›Hortulus‹. Abt Hermann der Lahme, körperlich schwerstbehindert, galt als einer der klügsten Köpfe

▲ Kloster Mittelzell bildet das Zentrum der Insel Reichenau

▲ Auch die Reichenau steht für bunte Blumenzier

▼ Eine Sensation: die wiederentdeckten Malereien in St. Georg

▼ Nur per Schiff oder über den pappelgesäumten Damm kommt man auf die Reichenau

▲ St. Georg, ein romanisches Juwel

▼ Ausgemalt ist auch St. Peter und Paul zu Niederzell

seiner Zeit. Unter anderem erfand er die tragbare Sonnenuhr, mit der Hirten jahrhundertelang die Zeit bestimmten. Um 1000 n. Chr. galt die Reichenauer Malerschule nördlich der Alpen als tonangebende Einrichtung. Doch selbst der hell lodernde Stern der Reichenau sank und verlosch: Die Zahl der Mönche ging im 11. Jh. zurück, 1238 brannte das Kloster und verarmte in der Folgezeit, 1757 wurde es endgültig aufgehoben. Seit 2004 versuchen zwei Benediktinermönche, Funken aus der erloschenen Glut zu schlagen. Sie gründeten eine neue ›Cella St. Benedikt‹, die der Erzabtei Beuron (Kr. Sigmaringen) zugeordnet ist. Die alte Mönchsregel ›Bete und arbeite‹ gilt auch für sie: Im Klostergarten tragen die Tomaten der Patres Daniel Riedmann und Stephan Vorwerk erste Früchte. Und in der Kirche St. Peter und Paul (Niederzell) werden nun wieder Stundengebete gehalten, die übrigens öffentlich zugänglich sind.

Kiebitz und Haubentaucher

Besonders der Untersee ist mit seinen Flachwasserzonen und den reichen Schilfbeständen am Wollmatinger Ried bei Konstanz und der Halbinsel Mettnau bei Radolfzell ein Paradies für Wasservögel. Hier brüten Kiebitz und Bekassine, Braun- und Schwarzkehlchen, im Flachwasser kann man ohne Mühe Schwarzhalstaucher (etwas kleiner als das schwarze Blässhuhn mit einem goldenen Federbüschel an der Wange) beobachten, und natürlich den Haubentaucher, das ›Flaggschiff des Untersees‹, wie ihn Dr. Wolfgang Fiedler nennt. Ornithologen und Naturforscher wie Fiedler haben beobachtet, dass sich die Vogelwelt verändert. Da es wärmer geworden ist, fühlen sich südeuropäische Arten wie der Orpheusspötter und der Karmingimpel plötzlich wohl, ›und es ist nur eine Frage der Zeit, bis der Silberreiher hier auch brütet‹, sagt Fiedler. Der Bodensee ist und bleibt ein Paradies für Wasservögel, jetzt also auch aus dem Süden. Wer den Karmingimpel sehen will, dem stehen in allen Naturschutzgebieten zahlreiche Aussichtsplattformen, Lehrpfade und geführte Wanderungen zur Verfügung. Man verpasst nichts! Es gibt also keinen Grund, auf eigene Faust durchs Schilf zu brechen.

Konstanz
Rhein
Maßstab 1:8.000
Maßstab 1:200.000
Ebert-Landratsamt platz
Benediktiner-platz
Mainau
Spanier-str.
Sternen-pl.
Seestr.
Rheingut-str.
Rheinsteig
Laube
Untere Laube
Obere Laube
Schottenplatz
Insel
Auf der Insel
ALTSTADT
Stadtgarten
Konstanzer Bucht
Konzil
Gondelhafen
Imperia
Zeppelin-Denkmal
Leuchtturm
Marktstätte
Bahnhofplatz
Bundesbahnhafen
Hafenzoll
Deutscher Hbf.
Schweizer Bf.
Jachthafen
Nauticmus Agarium
Sea life centre
Klein Venedig
Am Hauptpf.
Bodanstr.
Döbeleplatz
Grenzbachstr.
Kreuzlinger Str.
Gottlieber Str.
Wallgutschule
Münster
Emmishofer Zoll
Kreuzlinger Zoll
Zollstr.
1 Karl-Großhans-Weg
2 Ernst-Bärtschi-Weg
3 Georg-Elser-Platz
1 Steuer-Karle-Platz
SIGMARINGEN
Inzigkofen
Sigmaringendorf
SCHEER
Bingen
MENGEN
Krauchenwies
Hohentengen
Ostrach
Wald
PFULLENDORF
Herdwangen-Schönach
Heiligenberg
Frickingen
Owingen
Deggenhausertal
Salem
ÜBERLINGEN
Uhldingen-Mühlhofen
MARKDORF
Bermatingen
MEERSBURG
Hagnau am Bodensee
Immenstaad am Bodensee
KONSTANZ
KREUZLINGEN
Bottighofen
Münsterlingen
Allensbach
Reichenau
RADOLFZELL am Bodensee
Moos
Gaienhofen
Öhningen
STEIN
STECKBORN
Berlingen
Ermatingen
Gottlieben
Tägerwilen
Wäldi
Sipplingen
Ludwigshafen
Bodman-Ludwigshafen
Stockach
Orsingen-Nenzingen
Volkertshausen
AACH
SINGEN (Hohentwiel)
Steißlingen
Rielasingen-Worblingen
Überlinger See
Zeller See
Gnadensee
Untersee
Mainau
Dettingen
Litzelstetten
Wallhausen
Oberschwäbische Barockstraße
Hohenzollernstraße
Donau
30
92
Sh.

Im Barockschloss Freudental oberhalb von Allensbach kann man sehr schön wohnen

Konstanz ①

Konstanz erstreckt sich zu beiden Seiten des Rheins und öffnet sich nach Osten zum Bodensee. Belegt ist eine römische Siedlung mit dem Namen ›Constantia‹. Bereits 590 wurde ein Bistum gegründet, 1192 wurde Konstanz freie Reichsstadt. Wichtigstes Ereignis der Stadtgeschichte war das Kirchenkonzil (1414 bis 1418). Noch einmal trat Konstanz ins Licht der Geschichte bei der 1848er Revolution. Friedrich Hecker startete von Konstanz aus den Heckerzug, mit dem die badische Revolution ihren Anfang nahm. Doch die Revolution scheiterte, die Bodenseestadt dämmerte als grenznahes Provinznest dahin, bis die Gründung der Universität 1964 wieder frischen Wind in die Kleinbürgermetropole brachte.

Sehenswert: Wo heute das **Münster ›Unserer Lieben Frau‹** ⑤ steht, ragte noch zu Römerzeiten ein Kastell empor. Die im 7. Jh. erbaute Kathedrale, einst Dom des Bistums Konstanz, wurde mehrfach umgebaut. Das Innere ist schlicht, aber keineswegs karg. Die bemalte Decke, die einst die 16 romanischen Säulen überspannte, wurde durch ein flaches Gewölbe ersetzt. Wer sich vom Anhauch der Geschichte durchschauern lassen will, suche im Mittelgang die etwas dunklere Bodenplatte: Dort soll angeblich Johannes Hus gestanden haben, als ihn das Konzil 1414 zum Tode durch Verbrennen verurteilte. Blickfang an der Westwand ist die Orgel (1517–1529). Im Thomaschor erhebt sich die ›Schnegg‹ (1438), ein kunstvoller sechseckiger Treppenturm. In der Krypta wird ein einzigartiger Schatz ausgestellt: vier riesige **Goldscheiben**, die im 9./10. Jh. erschaffen wurden und einst die Außenwand des Chors zierten. Auf dem Weg zur Krypta erreicht man über den Kreuzgang die Mauritius-Rotunde (10. Jh.). In ihrer Mitte steht ein im 13. Jh. erneuertes ›Heiliges Grab‹. Von hier aus brachen die Wallfahrer zu ihrer ungewissen Reise auf dem ›Schwabenweg‹ nach Santiago de Compostela auf. Der Münsterturm kann bestiegen werden (Mo.–Sa. 10.00–18.00, So. 12.00–18.30 Uhr).

Gegenüber dem Münster liegt das **Kulturzentrum am Münster** mit der **Wessenberg-Galerie** ⑥. Unter dem Dach mehrerer aneinander grenzender mittelalterlicher Häuser finden heute Kulturevents aller Art inklusive Wechselausstellungen statt. Im Eingangsbereich prangen mittelalterliche Wandmalereien (Di.–Fr. 10.00–18.00, Sa., So. 10.00 bis 17.00 Uhr). Der älteste Teil von Konstanz liegt im Stadtviertel **Niederburg** ③, nördlich des Münsters zum Rhein hin. 1200 Jahre war Konstanz Bischofssitz und hier lebten einst die Untergebenen des jeweiligen Bischofs. Heute beleben kleine Läden, Trödler und Restaurants die verwinkelten Gassen, im Dominikanerinnen-Kloster Zoffingen gibt es ein Klosterlädle. Die **Spitalkellerei** ④ gegenüber verkauft auch Weine der Konstanzer Weingüter (Mo.–Fr. 9.00–12.00 und 14.00 bis 18.00, Sa. 9.00–13.00 Uhr, Weinproben und Führungen durch den Keller auf Anfrage, Tel. 07531/128760). Urige Weinstuben findet man in der Niederburg zuhauf, z.B. das ›Hintertürle‹ (Konradingasse), ein paar Schritte weiter die ›Konradinstube‹ und die ›Niederburg‹ in der Niederburggasse 3. Das Herz der Stadt ist die **Marktstätte** ⑩ mit ihren vielen Läden und Straßencafés und dem 1990 neu gestalteten Kaiserbrunnen (1897). Ursprünglich wurde das 1388 erbaute **Kaufhaus am Hafen**, das dank seines mächtigen Daches leicht zu identifizieren ist, zum La-

TIPP

Umsonst gucken

Höhepunkt unter den zahlreichen Festen am Bodensees ist das jährliche Seenachtfest im August. Es wird ein spektakuläres Feuerwerk abgebrannt, Theater in den Straßen gespielt, auf sechs Bühnen Musik gemacht, die ganze Stadt ist auf den Beinen, Jubel, Trubel, Heiterkeit, und morgens liegen Bierleichen in den Straßen. Wer sparen will: In Konstanz kostet das Spektakel Eintritt, in Kreuzlingen nicht.

SPECIAL

Die Katamarane sind da

Konstanz und Friedrichshafen verbindet ein lange gehegter Wunsch: Man wollte eine Direktverbindung per Schiff, und 1998 entstand die Idee, hierfür Katamarane einzusetzen. Das sind Schnellboote mit Doppelrumpf, die mit bis zu 40 km/h durch die Wogen pflügen, wodurch man in 45 Min. die jeweils andere Stadt erreichen könnte. Doch das Vorhaben stieß auf vehemente Kritik. Fischer fürchteten um ihre Netze, Segler um ihre Sicherheit, Naturschützer sahen die ökologisch sensiblen Zonen in ernster Gefahr. In Konstanz organisierten die Katamaran-Gegner 2001 sogar einen Bürgerentscheid, bei dem sich die Mehrheit gegen die Katamarane aussprach – doch weil weniger als 30 % aller Wahlberechtigten zur Urne gingen, galt die Befragung als gescheitert, und der Gemeinderat gab grünes Licht. Man stritt sich jahrelang bis hinauf vors Bundesverwaltungsgericht, das aber die Klagen gegen die schnittigen Flitzer abschmetterte. Seit Juli 2005 pendeln nun also die beiden 5,9 Mio. Euro teuren Schiffe im Stundentakt zwischen Konstanz und Friedrichshafen. Voll besetzt können ›Constanze‹ und ›Fridolin‹ je 182 Personen transportieren.

Wozu laufen, wenn es doch Velotaxis gibt?

TIPP

Ruhiger sitzen

Geradezu mediterran sitzt man auf der Terrasse der Cafébar Wessenberg im Kulturzentrum Wessenberg gegenüber vom Konstanzer Münster. Sehr gute Auswahl an Zeitungen und Zeitschriften, dazu kleine Gerichte, Mittagstisch, Kuchen, abends öffnet die Bar (Tel. 07531/919664, www.wessenberg-cafe.de).

Immer wieder bestaunt: die Italienische Blumen-Wassertreppe auf der Insel Mainau

gern von Korn und diversen Handelswaren verwendet. Während des Konzils fand hier vom 8. bis 11. November 1417 die Papstwahl statt. Heute ist das ›**Konzil**‹ ⓫ Konzert- und Veranstaltungssaal. Die umstrittene **Imperia** ⓬, die es bereits zu einem Baedeker-Stern brachte, avancierte zum Wahrzeichen der Stadt. Ihr sollte man auf jeden Fall einen Besuch abstatten, allein, um mitreden zu können. Wer noch mehr provokante Kunstwerke von Peter Lenk sehen will: In der Oberen Laube steht, von vierspurigem Autoverkehr umtost, der Lenk-Brunnen ❼.

Museen: Bedeutendstes Sammlungsstück im **Rosgartenmuseum** ❾ ist die sog. ›Richtentalchronik‹ Diese mittelalterlichen Tafelmalereien geben einen tiefen Einblick in die Zeit des Konzils. Insgesamt gilt die umfangreiche Ausstellung als die bedeutendste kunst- und kulturgeschichtliche Sammlung des Bodenseeraumes (Di.–Fr. 10.00–18.00, Sa., So. 10.00–17.00 Uhr). 1412 kam der böhmische Reformator Jan Hus mit einem Schutzbrief von König Sigismund nach Konstanz. Genutzt hat ihm der Brief nichts. An sein Leben, seine Verurteilung als Ketzer und den Tod auf dem Scheiterhaufen während des Konzils erinnert das **Husmuseum** ❽ (Mai–Sept. tgl. 10.00–17.00, Okt.–April Di.–So. 10.00 bis 12.00, 14.00–17.00 Uhr). Nicht zu übersehen ist das **Sea Life Center** ⓮ direkt hinter dem Bahnhof beim Lago-Shoppingcenter. Mit 30 Süß- und Salzwasserbecken sowie einem Unterwassertunnel ermöglicht die Schau vor allem Kindern, aber auch Erwachsenen einen Blick in die Lebenswelt unter Wasser im Mittelmeer und Bodensee. Greenpeace unterhält hier eine Dauerausstellung über Haie. Wie der Bodensee entstanden ist und welche Pflanzen und Tiere hier leben und lebten, erläutert das angeschlossene **Bodensee-Naturmuseum** ⓭ (tgl. ab 10.00 Uhr, Juli–Sept. bis 19.00, Apr.–Juni, Okt. bis 18.00, Nov.–März Mo.–Sa. bis 17.00, So., Fei. bis 18.00 Uhr). Auf der rechten Rheinseite liegt das **Archäologische Landesmuseum** ❶. Im ehemaligen Kloster Petershausen werden von den Pfahlbauten bis zur Burgenforschung archäologische Funde aus Südwestdeutschland sehr ansprechend präsentiert (Di.–So. 10.00–18.00 Uhr).

Spielbank: Setzt man die Besichtigung der Stadt entlang des Ufers Richtung Norden zum **Yachthafen** fort, kommt man an teuren Hotels vorbei und gelangt zur **Spielbank** ❷. ›Rien ne va plus‹ heißt es in der weißen Villa direkt am See Tag für Tag. Gespielt werden Roulette, American Roulette, Poker und Black Jack (tgl. ab 14.00, So.–Do. bis 2.00 Uhr, Fr., Sa. bis 3.00 Uhr).

Stadtführungen: Apr.–Okt. Mo.–Sa. 10.30 Uhr, So. um 14.30 Uhr. Treffpunkt ist die Tourist-Information am Bahnhofsplatz 13.

Wellness: Die **Bodensee-Therme** hat tgl. von 9.00–21.00 Uhr geöffnet (Wilhelm-von-Scholz-Weg 2).

Feste: Den Reigen der großen Konstanzer Feste eröffnet das **Zeltfestival**, bei dem im Juni und Juli mehrere Tage lang Musik und Kleinkunst geboten werden. Santana spielte schon am Bodenseeufer, die Toten Hosen wurden genauso frenetisch bejubelt wie Lenny Kravitz und andere Größen des Rock und Pop. Jährlich am zweiten Samstag im August laden Konstanz und Kreuzlingen zum **Seenachtfest**, dem größten Fest am Bodensee mit Riesen-Feuerwerk. Seit 1985 gehört ›**Rock am See**‹ Ende August zu den nicht mehr wegzudenkenden Live-Events (Programm unter www.koko.de).

ⓘ Touristeninformation Konstanz GmbH, Bahnhofsplatz 13, Tel. 07531/133030, Fax 133060, www.konstanz.de

MAINAU ②

Erst kamen die Mönche der Reichenau und nahmen die Mainau in Beschlag, von 1271 bis 1806 war die 44 ha große Insel dann im Besitz des Deutschen Ordens. Die Ordensritter errichteten hier eine Burg. Großherzog Friedrich I. von Baden kaufte 1853 die Insel und machte sie zu seiner Sommerresidenz. Der begeisterte Baumliebhaber legte mit seinen Pflanzungen subtropischer Bäume den Grundstein für das Arboretum, das heute eine herrliche grüne Oase mit rund 500 verschiedenen Baumarten darstellt. Friedrichs Tochter heiratete den schwedischen König, so kam die Verbindung zum schwedischen Königshaus zustande. Seit 1932 lenkte Friedrichs Urenkel Graf Lennart Bernadotte die Geschicke der Mainau. Eigentlich sollte der Graf schwedischer König werden, doch nach seiner Hochzeit mit einer Bürgerlichen wurde er von der Thronfolge ausgeschlossen. Die Mainau erbte er trotzdem, restaurierte das baufällige Barockschloss und machte aus dem verwilderten Park das heutige Blumenwunder. Im Zweiten Weltkrieg diente die Mainau der NS-Organisation Todt als Sitz. Nach Kriegsende erholten sich hier französische KZ-Häftlinge. 2005 starb Graf Bernadotte. Seine zweite Frau, Sonja, und die gemeinsamen Kinder führen das Unternehmen mit Park, Tiergehege, Streichelzoo, Schaubau-

Comedie auf der Konstanzer Seepromenade

ernhof, Spielplätzen und Gastronomie von einfach bis gehoben.

Sehenswert: Ab 1732 wurde die Ordensritterburg abgerissen, **Barockschloss** (1739 bis 1746) und **Kirche** (1732–1739) unter der Leitung von Johann Caspar Bagnato neu gebaut. Die farbigen Deckengemälde führte Franz Joseph Spiegler aus. In der Krypta der Kirche ist Bagnato bestattet. Unter den zahlreichen Blütenwundern ragt der italienische Rosengarten heraus, zu den ganzjährigen Wundern zählt das Schmetterlingshaus

TIPP

Hilfe für Gärtner

Nicht immer klappt im Hausgarten alles wie gewünscht. Da überzieht ekliger Mehltau die Lieblingsblumen, die Pfingstrosen wollen einfach nicht richtig blühen und der Rasen ist total vermoost. Was tun? Zum Beispiel das ›Grüne Telefon‹ anrufen. Immer mittwochs zwischen 13.00 und 16.00 Uhr geben hier die Gartenprofis von der Mainau Hilfestellung rund um alle Fragen des Gartenbaus und der Pflanzenpflege (Tel. 07531/303333). Wer außerhalb der Sprechzeit anruft, kann seine Frage auf den Anrufbeantworter sprechen oder sich per E-Mail an die Experten wenden (gruenes-telefon @mainau.de).

(Mitte/Ende März-Okt. 7.00–20.00, Nov. bis März 9.00–18.00 Uhr).

ⓘ Mainau GmbH, 78465 Mainau, Tel. 07531/303-0, Fax 303-248, www.mainau.de

Reichenau 3

Die Reichenau ist die größte Insel des Bodensees und war Sitz einer bedeutenden Benediktinerabtei. Seit 1838 verbindet ein Damm die Insel mit dem Festland. Drei (jeweils 2 km voneinander entfernt gelegene) Ortschaften liegen auf der Reichenau.

Sehenswertes: Die romanische Kirche **St. Georg** im Ortsteil **Oberzell** ist ihrer Fresken wegen die bedeutendste Sehenswürdigkeit der Reichenau. Die Wandmalereien wurden zwischen 900 und 950 gemalt und zählen zu den ältesten nördlich der Alpen. Nach der aufwändigen Restaurierung erlebt man hier einen überwältigend schönen romanischen Kirchenraum – nicht steinfarben blass, wie man romanische Kirchen sonst kennt, sondern bunt und farbenfroh. Besonders eindrucksvoll sind neben den christlichen Szenen die perspektivisch gemalten Bänder, die die Wände rot und sandfarben überziehen. In der Krypta werden seit dem 9. Jh. die Reliquien des Georg aufbewahrt. Während die Kirche ganztägig geöffnet ist, ist die Krypta nur im Rahmen von Führungen zugänglich (Juli–Aug. Mo. 17.00 Uhr).

Wandmalerei in St. Georg auf der Reichenau

Im **Ortsteil Mittelzell** stand einst das Benediktinerkloster. Heutige Hauptattraktion ist das **Münster St. Maria und St. Markus**, dessen älteste Teile auf das 8. Jh. zurückgehen, seine jetzige Form auf das 11. Jh. Der Westturm der romanischen Basilika wirkt besonders wuchtig. Wer eine richtig gute Zimmermannsarbeit sehen möchte, muss im Kirchenschiff nach oben schauen: Die 700 Jahre alte Dachkonstruktion aus Eichenbalken hat sich bis zum heutigen Tage hervorragend erhalten. Im Chor befindet sich der Heiligblutaltar (Führungen Juli–Aug. Di. 17.00 Uhr). Herrliche gotische Reliquienschreine und ein romanisches Kruzifix werden neben anderen sakralen Kunstwerken in der Schatzkammer im Münster gezeigt (Mai–Sept. Mo.–Sa. 11.00–12.00, 15.00–16.00 Uhr). Ein Muss für alle an Kräutern Interessierten, der **Kräutergarten des Walahfrid Strabo**, wo die 24 Pflanzen, die Strabo 444 Verse lang in seinem Lehrgedicht beschreibt, angebaut sind, darunter Minze und Mohn, Fenchel, Salbei und Rauke. Er liegt ein paar Schritte unterhalb des Klosters zum See hin (Führungen Do. 17.00 Uhr). In der Ortsmitte zeigt das **Heimatmuseum** in einem schmucken Fachwerkhaus (12. Jh.) alles über das Leben und Arbeiten auf der Reichenau (Apr.–Okt. Di.–So. 14.30–17.30 Uhr).

Ortsteil Niederzell: An Stelle einer Mönchszelle aus dem 8. Jh. wurde hier im 11. und 12. Jh. eine dreischiffige Säulenbasilika mit den beiden Türmen gebaut. Zwar gibt es auch in der Stiftskirche St. Peter und Paul romanische Wandmalereien zu bestaunen (1104–1126), dazu aber ein Rokoko-Gewölbe (18.Jh.). Führungen Juli bis Aug. Fr. 17.00 Uhr.

Feste: Wichtigstes christliches Fest der Insel ist heute das Heilig-Blut-Fest in Mittelzell. In der Heilig-Blut-Reliquie sollen sich Holzsplitter des Christuskreuzes befinden (immer eine Woche nach Pfingstmontag).

Umgebung: Rechts und links des Damms zur Reichenau erstreckt sich das 767 ha große **Wollmatinger Ried**, das bedeutendste Naturschutzgebiet am Bodensee. Unter den 230 Vogelarten lebt z.B. der selten gewordene Schwarzhalstaucher, hier finden viele Zugvögel eine wichtige Raststation. Das Ried ist nur im Rahmen von Führungen zugänglich. Gummistiefel und Insektenschutzmittel sollten Sie unbedingt mitnehmen. Im Bahnhof Reichenau informiert das Naturschutzzentrum des NABU über das Wollmatinger Ried (Information Tel. 07531/78870).

Bundesweit bekannt ist **Allensbach** (5 km von der Reichenau entfernt) als Sitz des Instituts für Demoskopie. Seit 1947 wird hier erforscht, was den Deutschen am Herzen liegt. Gründerin Elisabeth Noelle-Neumann aus Berlin ging übrigens in Salem zur Schule. Im Wild- und Freizeitpark Allensbach bevölkern rund 400 Tiere aus ganz Europa das 75 Hektar große Gelände. In der Falknerei kann man die Flugkünste von Seeadlern, Jagdfalken und Eulen bestaunen. Zum Park gehören Abenteuerspielplatz, Wasserrutsche, Trampolin (www.wildundfreizeitpark.de, März bis Sept. 9.00–18.00, sonst 10.00–17.00 Uhr).

ⓘ Tourist-Information, Pirminstr. 145, 78479 Reichenau, Tel. 07534/92070, Fax 920777, www.reichenau.de

TIPP

Unter der Linde

Auf dem Dorfplatz von Mittelzell steht auf der Reichenau eine wahrhaft eindrucksvolle Baumgestalt: Heute hundertfach durchhöhlt und mit Seiltrossen vor dem Zusammenstürzen bewahrt, trieb diese uralte Linde ihre ersten Blättchen, als das Kloster seine Goldene Zeit erlebte. Vielleicht betrachtete schon der berühmte Walahfrid Strabo mit Wohlgefallen ihre zartgrünen, herzförmigen Blätter.

Von Burgen und Zeppelinen

Östlich von Meersburg wird der Bodensee immer breiter. Der grüne Saum des gegenüberliegenden Ufers verschwindet im tiefen Blau. Dahinter türmen sich die weißen Riesen der Alpen auf. Nachts grüßen ferne Lichter vom Südufer, Wasservögel schnattern leise, Wellen flüstern am samtschwarzen Ufer. Kaum scheint die Sonne, herrscht Hochbetrieb: der Geräuschpegel steigt, eine Blechkarawane rollt dem See entgegen. Wohl dem, der jetzt mit dem Rad unterwegs ist oder sich eine Mini-Kreuzfahrt entlang des Nordufers gönnt.

Für maurischen Elemente am Bodensee sorgte König Wilhelm I. von Württemberg. Er ließ 1861 Schloss Monfort bei Langenargen erbauen.

▲ Wohnhaus von Annette von Droste-Hülshoff

▲ Treppenhaus im Neuen Schloss zu Meersburg

▼ Arbeitszimmer der Droste in der Meersburg

▲ Die Meersburg wacht über den See

▲ Meersburger Altstadt

▼ Der Ritter Arbeitskleidung im Waffensaal der Meersburg

Ein Bodensee ohne Meersburg wäre wie ein Paris ohne Eiffelturm. Also, auf nach Meersburg! Doch nur langsam kriecht die Blechkolonne den Berg hinab und kommt außerhalb der autofreien Altstadt auf einem Parkplatz zum Stillstand. Dort der Kampf um einen freien Platz, erschöpft verlässt man das Auto und reiht sich in den Strom der Besucher ein. Menschenmassen schieben, quetschen, drängeln und drücken sich durch die mittelalterlich engen Gassen, Blumen hier und Fachwerk da, man ist entzückt – und hastet weiter. Die Uferpromenade mit ihren gestutzten Platanen erscheint als reinste Wohltat, denn dort ist wenigstens zum See hinaus Licht, Luft, Platz. Man flieht die 176 Stufen vom Hafen hinauf zur Oberstadt und gerät endlich in ruhigeres Fahrwasser. Die Anlagen rund ums Neue Schloss sind von barocker Großzügigkeit, die Menge zerstreut sich, und erst jetzt kann man die schöne Aussicht auf See und Berge in Ruhe genießen. Willkommen in Meersburg!

Die Dichterin auf der Burg

Über 100 Zimmer verbergen sich hinter den bis zu fünf Meter dicken Mauern der Meersburg, die die gleichnamige Stadt überragt. Wie es sich in diesem Gemäuer lebte, hat deren prominenteste Bewohnerin beschrieben, die westfälische Dichterin Annette von Droste-Hülshoff (1797 bis 1848): ›Auf der Burg haus' ich am Berge,/unter mir der blaue See,/ höre nächtlich Koboldzwerge, täglich Adler in der Höh'.‹ 1841 verlegte sie ihren Wohnsitz an den Bodensee, nachdem ihre Schwester Jenny und ihr Schwager Freiherr Joseph von Laßberg die Meersburg gekauft hatten. Das milde Klima im Süden Deutschlands bekam ihr weit besser als der westfälische Dauerregen. Auch innerlich fühlte sie sich wie befreit und kaufte vom Honorar des 1842 erschienenen Bandes ›Gedichte‹ das Fürstenhäusle. Dort ging die berühmteste romantische Dichterin Deutschlands fortan unbeobachtet ein und aus, blickte auf den See hinab, dessen wechselnde Stimmungen sie über alles liebte. Weniger hingegen behagte ihr das gesellschaftliche Leben auf der Burg. Bei ihrem Schwager trafen sich Gelehrte und Schriftsteller, darunter Gustav Schwab und

▲ Der Marstall ist heute Sitz des Meersburger Staatsweingutes

▼ Traditionelle Goldhauben

▼ Köstlich! Geräucherte Felchen

▼ Feierliche Parade zum Auftakt des Meersburger Weinfest

▲ Gasthof zum Bären in Meersburgs Altstadt

Ludwig Uhland, doch die Droste fühlte sich von ihren Gesprächen alles andere als inspiriert und tat die Herren ab als ›langweilig wie der bittre Tod‹. Doch dafür entschädigte sie der See reichlich. Die Droste blieb den Rest ihres Lebens in Meersburg, wo sie 1848 starb. Der hiesige Friedhof beherbergt ihr Grab.

SPECIAL

Ein streitbarer Seelsorger

Die Hagnauer haben ihrem Pfarrer Heinrich Hansjakob ein Denkmal gesetzt, das im Hof der Winzergenossenschaft steht. Der Pfarrer (1837–1916), der auch als Landtagsabgeordneter, Volksschriftsteller und Sozialreformer wirkte, war der badischen Obrigkeit ein Dorn im Auge, seit er sich im Kulturkampf engagiert hatte. Zweimal saß er in Festungshaft ob seiner aufrührerischen Reden. Von Waldshut versetzte man ihn zwangsweise an den Bodensee – wo er sich sofort für die Winzer in die Bresche warf, die bis dato ziemlich sauren Seewein erzeugt hatten. Hansjakob verhalf ihnen zu edleren Reben und befreite sie vom erdrückenden Preisdiktat der Weinhändler, indem er sie zur Genossenschaftsbildung und zum Direktverkauf animierte. 1881 gründete er in Hagnau den ersten Winzerverein Badens. Und was sagten seine ›Schäfchen‹ über ihren Hirten? ›Fromm wird man von seinen Reden gerade nicht so sehr, aber gescheit!‹

Saure Trauben, lebt wohl!

In Hagnau steht ein hölzernes Ungetüm, groß wie das Werkzeug eines Riesen: Torkel werden die gigantischen Weinpressen aus vergangenen Zeiten genannt, von denen man heute am Bodensee nur noch wenige bestaunen kann. Der merkwürdige Name leitet sich vom lat. ›torquere‹ (drehen) ab. Der ›Baum‹ des Hagnauer Torkels wiegt annähernd 10 Tonnen und drückt auf das ›Bett‹ aus mehreren Vierkanthölzern, auf dem die Trauben liegen. Eine hölzerne Schraubzwinge, die ›Spindel‹, von fast doppelter Mannshöhe bewegt den Baum. Zum letzten Mal war dies in Hagnau 1956 der Fall. Heute werden in der Meersburger Region die besten Weine des Bodenseeraums erzeugt, doch das war

▲ Hoch oben auf einem Felsen thront Renaissance-Schloss Heiligenberg

▼ Weinlese bei Hagnau

▲ Balsamische Ruhe am Hagnauer Hafen ... ▼ ... und dann Action auf dem Wasser

▼ Ob sich unter all den Kürbissen auch ein Spaghettikürbis versteckt?

nicht immer so. 814 pflanzten die Mönche auf der Reichenau den ersten Wein in dieser Gegend. Bauern folgten dem Beispiel, doch aus alten Sorten wie dem ›Elbling‹ ließ sich nur ein furchtbar saurer Trunk herstellen. Kein Renner auf dem Getränkemarkt, zumal die Klöster – damals Stammkundschaft in Sachen Wein – recht gute Kontakte nach Italien unterhielten und sich von dort weit bessere Tröpfchen kommen ließen. Das Blatt wendete sich erst, als man im 18. Jh. neue Sorten nach neuen Methoden anbaute. Denn an Sonne und guten Böden mangelt es am Bodensee nicht. Wer heute hier in diesem südlichsten Weinanbaugebiet Deutschlands weilt, sollte die Gelegenheit beim Schopfe packen und die Seeweine probieren. Oder gleich ein Kistchen einpacken – denn überregional führt sie kaum ein Weinhändler.

Die Seegfrörne

Friert der Bodensee zu, ist das immer ein Jahrhundertereignis, das von allen Bodenseeanrainern ausgiebig gefeiert wird. Der eisige Winter 1963 schuf bislang zum letzten Mal diese Gelegenheit. Autos sausten übers Eis, wahre Volksfeste wurden gefeiert, Schlittschuhläufer zirkelten vergnügte Kreise, Reiter trieben ihre Pferde zu einem munteren Galopp über die schneeweiße Fläche. Und es wurden uralte Bräuche gepflegt: Wann immer der See zufror, trugen die Hagnauer die Büste des Evangelisten Johannes übers Eis nach Münsterlingen, den gegenüberliegenden Ort auf der Schweizer Seite, und bei der nächsten Gfrörne bringen ihn die Münsterlinger wieder zurück. 1830 waren die Münsterlinger mit Tragen dran, dann stand die spätgotische Büste über 130 Jahre in der Hagnauer Pfarrkirche St. Johannes Baptist, 1963 wechselte der Heilige wieder den Standort und wurde im Rahmen einer sehr würdigen Eisprozession von über 2500 Menschen begleitet. Als Mitbringsel, da ließ sich das Winzerdorf Hagnau nicht lumpen, gab es für die Schweizer drei Fässchen Wein. Wer nach Hagnau kommt, wird den Johannes derzeit also vergeblich in der Pfarrkirche suchen. Vielleicht wird er auch für alle Zeiten in Münsterlingen bleiben, denn die Wassertemperatur steigt im Jahresmittel aufgrund der Klimaerwär-

◄ *Remmidemmi zu Wasser und zu Lande ...*

▲ *... jährlich beim Seehasenfest in Friedrichshafen*

▲ Blick auf die Seeseite von Friedrichshafen

▼ Erfinder des Luftschiffs: Graf Zeppelin

▼ Alter Landungssteg

mung stetig an. Im Winter ist der See heute schon 2 °C wärmer als noch vor 125 Jahren. Und so wird es immer unwahrscheinlicher, dass am Bodensee wieder einmal eine Seegfrörne zu erleben ist.

Wirtschaftsstarke Metropole

Von schnuckeliger Altstadt, verspielten Uferpromenaden oder putzigen Häuslein ist in Friedrichshafen weit und breit nichts zu sehen. Hier stößt man auf Flugplatz, Messe, Industrieanlagen bis ans Seeufer, Hochhäuser und 57 000 Einwohner. 70 Prozent der Stadt wurden im Zweiten Weltkrieg zusammengebombt und wenig ansprechend wieder aufgebaut. Also Augen zu und möglichst schnell durch! Oder lieber doch nicht? Die Attraktivität von Friedrichshafen entfaltet sich erst auf den zweiten Blick. Da sind das Zeppelin-Museum und der Hafen, sehr gute Möglichkeiten, einzukaufen (an Regentagen ist man dafür dankbar) und gepflegt Essen zu gehen.

Leichter als Luft

Engstens verbunden ist Friedrichshafen natürlich mit den Zeppelinen. Der Name dieser Luftschiffe geht auf ihren Erbauer Ferdinand Graf von Zeppelin (1838 – 1917) zurück. Nachdem der Generalleutnant aus dem Militärdienst ausgeschieden war, züchtete er nicht etwa Rosen, sondern widmete sich der Luftschifffahrt. Nach Plänen des Ingenieurs Theodor Kober baute der Graf das erste lenkbare Starrluftschiff. Und nachdem am 2. Juli 1900 der erste Zeppelin von Friedrichshafen-Manzell aus in die Lüfte abhob, wurde die Stadt mit einem Schlag weltberühmt. Insgesamt 129 Zeppeline schraubten und schweißten die Arbeiter in den darauf folgenden Jahren auf der Luftschiffwerft zusammen, 102 gingen ans Militär. Die größte der fliegenden Zigarren, das Luftschiff LZ 130, ist mit 245 m Länge bis heute das größte Luftfahrzeug. Ähnlich wie die Dinosaurier faszinieren die Zeppeline durch ihre Größe, die aber auch ihre Schwachstelle bildete: Man benötigte gigantische Hangars für die Luftschiffe, und, man stelle sich vor, allein 300 Mann Bodenpersonal waren nötig, um diese ›Saurier‹ sicher starten und landen zu lassen. Alle Zeppeline sind gleich konstruiert:

▲ Riedflächen wie hier bei Eriskirch sind Refugien für seltene Pflanzen und Tiere

▼ Schwertlilie

▼ Fleischfressender Sonnentau

▼ Schwäne und Enten aller Art überwintern am See

▲ Haubentaucher brüten im schützenden Schilf

Ein Aluminiumgerippe bildet den Körper, in dem mit Wasserstoff gefüllte Zellen eingelassen sind, die für Auftrieb sorgen. Am Bauch des Kolosses klebt eine Gondel, in der Kapitän, Besatzung und Passagiere untergebracht sind. Die Wasserstofffüllung machte die Zeppeline allerdings hoch verwundbar: 1937 brannte LZ 129 in Lakehurst vollkommen aus. Nach 1938 stellte die Werft ihre Arbeit ein, im Zweiten Weltkrieg wurde die Anlage komplett zerstört. Doch seit 1997 produziert die neue Werft in Friedrichshafen wieder Zeppeline, allerdings keine echten: Die alten waren dank Wasserstoff leichter als Luft, die neuen werden mit Helium aufgeblasen, sind schwerer als Luft und fliegen, genau wie Flugzeuge, dank Schubkraft ihrer Triebwerke. Außerdem sind die Neuen im Vergleich zu ihren Ahnen mit gerade mal 75 m Länge wahre Minis. Einer davon dreht heute seine Runden überm Bodensee, den Bauch vollgepackt mit Touristen.

Blinder Passagier an Bord

Ein guter Grund, Friedrichshafen zu besuchen, ist das Zeppelinmuseum. Nirgendwo sonst auf der Welt wird man so umfassend über die ›Fliegenden Zigarren‹ informiert. Auch wer wenig Lust hat, Ventile, Kolben und Propeller zu studieren, wird an der Erforschung des nachgebauten Zeppelins ›Hindenburg‹ seine Freude haben: Man schlendert übers Promenadendeck, wo es sogar einen Briefkasten gab, staunt über die Schiffskojen nicht unähnlichen Kabinen und wundert sich über den Ehrgeiz der Gastgeber, auf engstem Raum mehrgängige Menues auf edlem Porzellan zu servieren. So gab es 1931 beim Flug über Ägypten Gänseleberpastete, Rostbraten mit Bratkartoffeln und Gemüse, dazu einen Tokayer oder Liebfrauenmilch, wer wollte, durfte einen prickelnden Henkell- oder Deinhard-Sekt genießen. An solchen Detailinformationen ist das Museum sehr reich, also einen halben Tag für den Besuch einplanen. 1928 wurde übrigens an Bord des Luftschiffs ›Graf Zeppelin‹ der erste blinde Passagier der Luftfahrtgeschichte entdeckt: ganz wie auf Schiffen üblich, musste sich der 19-jährige Abenteurer aus Amerika seine Überfahrt dann mit Küchendienst verdienen.

STOCKACH
Herdwangen-
Schönach
Wilhelmsdorf
Maßstab 1:150.000
Ludwigshafen
Bodman-
Sipplingen
Owingen
Frickingen
Heiligenberg
Deggenhausertal
RAVENSBURG
Berg
ÜBERLINGEN
Salem
Uhldingen-Mühlhofen
Bermatingen
MARKDORF
Oberteuringen
Meckenbeuren
TETTNANG
Allensbach
Reichenau
MEERSBURG
Daisendorf
Stetten
Hagnau am Bodensee
Immenstaad am Bodensee
FRIEDRICHSHAFEN
Eriskirch
Langenargen
Kressbronn am Bodensee
KONSTANZ
KREUZLINGEN
Tägerwilen
Bottighofen
Münsterlingen
Ermatingen
Gottlieben
Salenstein
Berlingen
Raperswilen
Kemmental
Wigoltingen
Lengwil
Güttingen
Altnau
Überlinger See
Gnadensee
Bodensee

Infos

Die schönste und ruhigste Aussicht auf Meersburg hat man vom Bodensee her

Meersburg ①

Trutzig wacht die Meersburg über die Unterstadt, eine ehemalige Fischersiedlung, die 1526 zum Sitz der Fürstbischöfe von Konstanz aufstieg. Die baufreudigen Kleriker des Barockzeitalters schufen die Grundlage für die märchenhafte Altstadt.

Sehenswert: 1137 wird die ›Merdesburch‹ erstmals schriftlich erwähnt. Die auch ›Altes Schloss‹ genannte **Meersburg** könnte allerdings schon im 7. Jh. erbaut worden sein. Zwischen 1526 und 1750 bauten die Bischöfe allerlei an und um, bis sie schließlich ins Neue Schloss umzogen. Besucher betreten heute die Meersburg stilecht über eine Zugbrücke und gehen auf eine Reise in die Ritterzeit: Rüstungen und Schwerter, Ziehbrunnen und Burgverlies, Fürstenhalle und Burgküche zeigt ein Gang durch das **Burgmuseum**. Schatz- und Folterkammer sowie Aussicht auf den See locken in den Dagobertsturm (nur mit Führung). Der quadratische Turm wurde in der Stauferzeit (12./13. Jh.) erbaut. Dort droben stand die Droste und ließ sich den Wind durchs Haar wehen. Ihre Arbeitsräume in der Burg sind ebenfalls zu besichtigen (März – Okt. tgl. 9.00 – 18.30, Nov. – Feb. 10.00 – 18.00 Uhr). Auftraggeber für das **Neue Schloss** waren die Konstanzer Fürstbischöfe. Nach Plänen von Balthasar Neumann wurde im frühen 18. Jh. mit dem Bau des Neuen Schlosses begonnen, 1762 war er fertig. Besonders eindrucksvoll ist das Treppenhaus mit seinem schmiedeeisernen Gitter.

Museen: Im Neuen Schloss sind das **Dornier-Museum** sowie die **Städtische Galerie** untergebracht (Ende März – Okt. tgl. 10.00 bis 13.00, 14.00 – 18.00 Uhr). Im privaten **Zeppelin-Museum** kann man einiges über die ›Fliegenden Zigarren‹ erfahren (Schlossplatz 8, März – Mitte Nov. 10.00 – 18.00 Uhr).
Lassen Sie rasch noch alle Mitreisenden einen Tipp abgeben: Wie viele Liter fasst das größte Fass im **Weinbaumuseum**? Antwort: 50 000 Liter! Im Museum wird auch eine Sammlung historischer Weinflaschen gezeigt und alles rund ums Winzern und Keltern erläutert (im ehem. Heilig-Geist-Spital, Apr. – Okt. Di. – Fr. und So. 14.00 – 18.00 Uhr. Weinproben mit Kellerführung Apr. – Okt. Fr. 19.00 Uhr. Anmeldung unter 0 75 32/3 57 oder beim Meersburger Tourismusbüro).
Wie entstand die Bibel? Dies und anderes erklärt die **Bibel-Galerie** im Alten Kloster. Über Stadtgeschichte informiert das Stadtmuseum zwar auch, besonders interessant ist aber die Ausstellung zum ›Wunderheiler‹ Franz Anton Mesmer (Apr.– Mitte Nov. Di. – So. 11.00 – 13.00, 14.00 – 17.00 Uhr).
Originalmanuskripte aus der Feder der Dichterin Annette von Droste-Hülshoff zeigt das **Droste-Museum im Fürstenhäusle**, dazu Portraits der Dichterin, Biedermeiermöbel und eine exquisite Aussicht (Apr. – Okt. 10.00 bis 12.30 und 14.00 – 17.00 Uhr).

Aktivitäten: Saunieren, im Thermalwasser entspannen oder im Wildbach Kalorien abbauen, dies alles ist möglich in der **Meersburg Therme** (Mo. – Fr. 10.00 – 22.00, Sa. 10.00 bis 20.00, So. 9.00 – 21.00 Uhr).

ⓘ Meersburg Tourismus, Kirchstr. 4, 88790 Meersburg, Tel. 0 75 32/44 04 00, Fax 4 40 40 40, www.meersburg.de

Hagnau ②

Liebenswertes Weinbau-Dörfchen, das am Sonntag wie ausgestorben wirkt – wäre nicht irgendwo immer ein Landwirt, bei dem man am Tor zum Weinkeller noch schnell Bodensee-Wein und frisches Obst einkaufen könnte. 1090 wird ›Hagenovo‹ erstmals schriftlich erwähnt. Es gehörte zur Reichsstadt Überlingen, kam im Dreißigjährigen Krieg (1618 – 1648) ans Schweizerische Stift Einsiedeln, gehörte ab 1693 zum Kloster Weingarten, bis es 1803 schließlich ans Großherzogtum Baden fiel.

Sehenswert: Die **Kirche St. Johann Baptist** mit ihrem romanischen Turm wird ohne ihren Johannes auskommen müssen bis zur nächsten Seegfrörne (siehe S. 57). Die 1729 barockisierte Kirche beherbergt eine gotische Madonna aus dem 15. Jh.

Museum: Das hätte man in einer Winzergemeinde nicht erwartet: ein privates **Spielzeugmuseum** mit Puppen, Puppenstuben und Blechspielzeug (Mitte März – Ende Okt. tgl. 10.00 – 12.00 und 14.00 – 17.00 Uhr).

Kleine Auswahl an Bodenseefischen

Aktivitäten: 130 ha Weinbergfläche umgeben heute den Winzerort. Die schönsten Ecken dieser Gegend sieht man auf dem 40 km langen **Traubenrundwanderweg** und dem Hagnauer Obst- und Weinwanderweg (Karten bei der Touristeninformation).

ⓘ Touristeninformation, Seestr. 16, 88709 Hagnau am Bodensee, Tel. 0 75 32/43 43 43, Fax 43 43 30, www.hagnau.de

SPECIAL

Der Wunderheiler vom See

Wenn Blinde wieder sehend werden, darf man durchaus von Wundern sprechen. Seine Freunde feierten Franz Anton Mesmer als Wunderheiler, seine Feinde schmähten ihn als Quacksalber und Scharlatan. Dabei war Mesmer, 1734 in Iznang auf der Höri geboren, 1815 in Meersburg gestorben und auf dem dortigen Friedhof begraben, durchaus vom Fach, hatte er doch Medizin in Wien studiert. Er ging davon aus, dass Krankheiten geheilt werden können, indem man mit einem Magneten über den Leib streicht und damit ein ›körpereigenes Magnetfeld‹ wieder in Ordnung bringt. Tatsächlich gelangen ihm einige erstaunliche Behandlungserfolge, doch seine (neidischen?) Kollegen behaupteten, die Kranken bildeten sich eine Besserung der Beschwerden nur ein. Ob Einbildung oder nicht, dürfte den Kranken egal gewesen sein. Heute gilt Mesmers Methode, die offenbar stark mit Suggestion zu tun hat, als Vorläufer der Suggestionstherapie – und deren Methoden sind durchaus anerkannt.

SPECIAL

Die Tröpfchen vom See

Heute werden am Bodensee Weißweine vor allem der Sorten Müller-Thurgau (ein Wein mit weichem Muskatton und angenehmer Säure) und Ruländer, auch Grauer Burgunder genannt, angebaut. Dieser ist, wenn trocken ausgebaut, ein hervorragender Begleiter zu allen Fischgerichten. Bei den Rotweinen überwiegt der samtig-edle Blaue Burgunder. Auch Schweiz und Österreich liefern Bodenseewein: Dieser kommt aus St.Gallen, Thurgau und Vorarlberg. Viele hervorragende Lagen erstrecken sich um Meersburg und Hagnau. Wer Meersburg besucht, kann Wein im Staatsweingut am Neuen Schloss (Mo.–Fr. 9.00–18.00, Sa. 9.00–16.00 Uhr) oder im Weinhaus Georg Hack kosten und kaufen. Über 600 Weine werden hier in sehr schön gestaltetem Ambiente angeboten (Mo.–Fr. 8.00–12.00, 13.30–18.00, Sa. 9.00–12.30 Uhr, Schützenstr. 1, Tel. 07532/49450). In Hagnau ist das Winzerhaus der Winzergenossenschaft Hagnau empfehlenswert (Mo.–Fr. 8.00–18.00, Sa. 9.00–18.00 Uhr, Strandbadstr. 2, Weinproben finden immer dienstags 19.00 Uhr statt; Voranmeldung Tel. 07532/6217). Ein besonderes Vergnügen ist es natürlich, beim Winzer direkt zu kaufen, z.B. beim ersten Winzer am See, der Öko-Wein erzeugte (Burgunderhof, Fam. Renn, Sonnenbühl 30, Hagnau) oder auf den Wochenmärkten der Region. Hier kann man mit den Winzern gleich noch eine Runde fachsimpeln.

FRIEDRICHSHAFEN 3

Das wichtigste Wirtschaftszentrum am Bodensee ist gleichzeitig eine der jüngsten Städte. Erst 1811 gründete König Friedrich I. von Württemberg Friedrichshafen als seine Sommerresidenz. Beim Aussuchen des Standortes hatte der König keine allzu große Auswahl, nannte Württemberg doch nur 25 km Bodenseeufer sein eigen. Seine Wahl fiel auf das Städtchen Buchhorn, das er mit dem Kloster Hofen zu ›Stadt und Schloss Friedrichshafen‹ vereinigte. 1847 wurde die Bahnstrecke nach Stuttgart eröffnet, und heute besitzt dieser Überflieger unter den Bodenseestädten einen Flughafen und ein Messegelände.

Sehenswert: Ursprünglich war die **Schlosskirche** das Gotteshaus eines um 1080 gestifteten Frauenklosters. 1695 bis 1701 wurde die im Dreißigjährigen Krieg zerstörte Kirche von Christian Thumb wieder aufgebaut. Nachdem König Friedrich das nach der Säkularisierung leerstehende Kloster zum Schloss für seine Sommerresidenz umfunktioniert hatte, wurde die Kirche zur Schlosskirche. Die klare Architektur der Pfeilerbasilika steht in einem interessanten Spannungsfeld zu den üppigen Stuckdekorationen (Ostern–Okt. Mo.–Do., Sa. 9.00–18.00, Fr. 11.00–18.00, So. 12.00 bis 18.00 Uhr).

Museen: Alles über den Zeppelin und seine Nutzungsgeschichte erfahren Sie im **Zeppelin-Museum**. Ein Stockwerk des Museums widmet sich der Kunst, weil das Museum bei seiner Gründung im Jahre 1869 als kunst- und kulturgeschichtliche Ausstellung konzipiert worden war. Beim Luftangriff 1944 wurde das Haus dem Erdboden gleichgemacht und alle Exponate vernichtet. Ab 1950 sammelte man dann wieder von Neuem mit Schwerpunkt auf der Kunst des 20. Jh. Her-

Friedrichshafen: Schlosskirche

Blick ins Gotteshaus von Eriskirch

ausragend sind dabei die Arbeiten von Otto Dix, der lange Zeit am Bodensee lebte (Mai–Okt. Di.–So. 10.00–18.00, Nov. bis Apr. Di.–So. 10.00–17.00 Uhr).

Endlich Ferien? Also auf ins **Schulmuseum**! Dort werden Schüler endlich erkennen, wie gut es ihnen heute geht: keine Rohrstöcke mehr und keine Eselsmützen für die Ungehorsamen, Schule nicht nur für die, die Pfarrer werden wollen. Gezeigt werden Klassenzimmer aus den Jahren 1850, 1900 und 1930 (Apr.–Okt. tgl. 10.00–17.00, Nov.–März Di.–So. 14.00–17.00 Uhr).

Aktivitäten: Führungen auf der **Zeppelinwerft** am Flughafen finden dienstags um 17.00 Uhr statt. Infos auch zu den Rundflügen unter www.zeppelinflug.de

Markt: Dienstag und Freitag ist Wochenmarkt, jeden Samstag dann der bunte Bauernmarkt auf dem Adenauerplatz.

Stadtfest: Gleich mehrere Tage am Stück wird beim großen **Seehasenfest** Mitte Juli auf den Putz gehauen. Höhepunkt dieses Kinder- und Heimatfestes ist ein großes Feuerwerk.

Umgebung: Natur und Kunst lohnen den Besuch im 2 km südlich von Friedrichshafen entfernten **Eriskirch**. Vor der um 1370 erbauten gotischen Pfarr- und Wallfahrtskirche Unserer Lieben Frau stand hier schon seit dem 12. Jh. eine Kapelle. Berühmt ist die Kirche wegen ihrer Fresken (1410–1430). Verblassend, doch trotzdem ausdrucksvoll, sind Szenen aus dem Alten Testament auf die Wände von Chor und Langhaus gemalt. Auf den Schotterterrassen, die nach der letzten Eiszeit vom Fluss Schussen aufgeschüttet wurden, wächst das **Eriskircher Ried**. Tausende Vögel, darunter der seltene Singschwan, finden in diesem Schilfgürtel Schutz und Brutmöglichkeiten. Auch die Bodenseefische nutzen diese geschützte Zone als Kinderstube. Zum Ried gehören neben dem Auwald am Ufer und dem Schilf auch die Riedwiesen, die sich ums Eriskircher Strandbad erstrecken. Am schönsten ist das Ried Ende Mai/Anfang Juni, wenn die kleine Sibirische Schwertlilie tieflila blüht. Im Naturkundezentrum erfährt man alles über das Ried und seine Bewohner, es werden auch Führungen angeboten (Di.–Fr., So. 14.00 bis 17.00, Fr. zusätzl. 9.00–12.00 Uhr, Informationen über Führungen unter Tel. 07541/81888).

ⓘ Touristeninformation, Bahnhofsplatz 2, 88045 Friedrichshafen, Tel. 07541/30010, Fax 72588, www.friedrichshafen.de

TIPP

Mit den Fischern unterwegs

Felchen essen ist ein Leichtes, Felchen fangen schon sehr viel schwieriger. Wie die Berufsfischer am Bodensee arbeiten, zeigt Gert Meichle aus Friedrichshafen, der bei Tagesanbruch die Netze einholt, die er abends ausgelegt hat. Morgenmuffel sollten in dem Fall über ihren Schatten springen und den Morgentermin wahrnehmen, denn die Stimmung auf dem See bei Tagesanbruch ist unvergesslich. Kühl und spiegelglatt liegt das Wasser, das Schwarz der Nacht weicht langsam einem strahlenden Türkis und am Horizont kündigt sich mit zartestem Rosa die Sonne an. Auf einem Fischerboot ist man natürlich schnell zurück in der Realität (Voranmeldung unter Tel. 07541/371671).

Langenargen 4

Beschauliches Städtchen weitab der B 31. Schon 962 wurde eine Burganlage in ›Arguna‹ erwähnt, heute zieht das arabisch anmutende Schloss Montfort die Blicke auf sich. Im Institut für Seenforschung in Langenargen hat man ein scharfes Auge auf den Bodensee, der in den 1960er-Jahren ziemlich verschmutzt war, und entnimmt regelmäßig Wasserproben. Die örtliche Fischbrutanstalt sorgt für Nachwuchs bei Hechten, Seesaiblingen und Seeforellen.

Sehenswert: Als ›herrliche Ruine‹ sah Annette von Droste-Hülshoff noch die 1343 erbaute Burg Argen. Etliche Fischer haben sich beim Bau ihrer Häuser auf diesem ortsnahen Steinbruch bedient. 1861 baute König Wilhelm I. von Württemberg hier ein völlig neues Schloss im maurischen Stil und mit einer fürstlich-gediegenen Inneneinrichtung. Der auffallende Turm ist zugänglich von Apr. bis Okt., im **Schloss Montfort** wird heute ein Restaurant mit Kultur- und Kongresszentrum betrieben. Die Terrasse des Restaurants ist übrigens ausnehmend schön.

Museum: Lieben Sie Matisse? Im **Kunstmuseum** im ehem. Pfarrhaus gegenüber der Kirche werden unter anderem Werke des bedeutendsten deutschen Matisse-Schülers Hans Purrmann (1880–1966) ausgestellt (Apr. bis Mitte Okt. Di.–So. 10.00–12.00 und 15.00 bis 17.00, Führungen Mi. 10.00 Uhr).

Umgebung: Im Frühling versinkt das 5 km östlich von Langenargen gelegene **Kressbronn** in einem Meer aus Blüten, so viele Obstbäume stehen rings umher. Himbeeren, Brombeeren, ›Träuble‹ (so nennt man im Schwäbischen die Johannisbeeren) und Obst aller Art kann man zur Erntezeit frisch von der Straße weg kaufen. Bekannt ist die kleine Gemeinde auch für ihren Yachthafen, der mit 2500 Liegeplätzen auf 20 ha der größte am Bodensee ist. Hier sitzt die bekannte Bodan-Werft, in der etliche Bodenseefähren gebaut wurden. Die 1867 gebaute Kabelhängebrücke über die Argen zwischen Langenargen und Kressbronn soll als Vorbild für die Golden Gate Bridge in San Francisco gedient haben. Freilich ist das Bodensee-Exemplar deutlich kleiner, aber als eindrucksvolles Technikdenkmal einen Ausflug wert. Wo sich alles um Boote dreht, sind die Modelle nicht weit: Über ein Dutzend werden im Museum im Schlössle von Kressbronn ausgestellt, gebaut von Ivan Trtanj, einem der besten Modellbauer weltweit (Mai–Sept. Mo.–Sa. 9.30–12.00, Okt. bis Apr. Di.–So. 15.00–17.00 Uhr).

Die Region ist für ihre Fülle an Beeren bekannt

ⓘ Tourist-Information, Obere Seestr. 2/1, 88085 Langenargen, Tel. 07543/933092, www.langenargen.de

TIPP

Brunchen auf Montfort

Schöner kann man einen Sonntag sicher nicht beginnen als in den arabesken Räumlichkeiten oder auf der Terrasse mit Seeblick auf Schloss Montfort bei Langenargen. Jeweils sonn- und feiertags biegen sich die Tafeln unter dem Gewicht eines opulenten Frühstücksbuffets. Abgerundet wird der Brunch, der von 10.00 bis 14.00 Uhr andauert, durch zwei bis drei wechselnde Hauptgerichte (Tische müssen vorab reserviert werden unter Tel. 07543/912712).

Meersburg besitzt viele lauschige Fleckchen

Umarmt von den Alpen

Im Osten mündet der Alpenrhein in den Bodensee, und von allen Zuflüssen spendet er dem See am meisten Wasser. Wie ein Amphitheater fassen am Ostufer grüne Berge die Wasserfläche ein. Der Pfänder, mit 1064 m der höchste Berg am ganzen Bodensee, ist gleichzeitig der geliebte Hausberg der Bregenzer. Ihre Festspiele gehören mit zum Besten, was der See kulturell zu bieten hat. Auf der deutschen Seite zieht die Inselstadt Lindau, deren berühmten Hafen nachts 6000 Lampen erhellen, Gäste aus dem In- und Ausland an.

In Lindau bewacht der bayrische Löwe seit 1856 die Hafeneinfahrt der idyllischen Stadt.

▲ Im malerischen Lindau tagen jährlich die Nobelpreisträger

► Abendstimmung an der Löwenmole

▼ Immer was los in Lindaus Straßen ...

▲ Die Maximilianstraße ist die Flaniermeile von Lindau

Gerade mal 10 km Bodensee-Ufer gehören zu Bayern. Und das erst seit 1805, als im Zuge der Napoleonischen Gebietsreformen der deutsche Südwesten einen neuen Zuschnitt erhielt. Nonnenhorn ist die erste bayrische Gemeinde, auf die man von Westen kommend stößt, und sie geht fast nahtlos ins malerische Wasserburg über. Und dann folgt Lindau, die Inselstadt.

Im Banne des Löwen

Geograf Sebastian Münster kreierte 1544 den Beinamen ›Schwäbisches Venedig‹ für die Stadt auf der Insel, ›glückseliges Lindau‹, seufzte Hölderlin 200 Jahre später und heute, wo es dann doch bitte ein bisschen international klingen soll, bezeichnen sich die Lindauer am liebsten als ›Happy End von Deutschland‹. Am Hafen laufen alle Fäden zusammen: Touristen, die mit Bahn oder Schiff kommen, sammeln hier die ersten Eindrücke, Gäste, die mit Auto anreisten, finden sich früher oder später hier ein. Das Wahrzeichen von Lindau und meistfotografiertes Motiv ist der 6 m hohe Bayerische Löwe, der seit 150 Jahren mit streng-gutmütigem Blick die Hafeneinfahrt bewacht. Im Rücken des Löwen tut sich allerhand, vor den Nobelhotels und Restaurants am Hafenplatz bieten fliegende Händler ihre Waren feil, mehr Kitsch als Kunst, überall filmt und fotografiert das auffallend internationale Publikum: Dessen Lieblinge sind Hafen-Löwe und der 800 Jahre alte Mangturm, dessen Dach ein nicht alltägliches Zick-Zack-Muster ziert. Kaum dunkelt es, flammen 6000 Lichter auf, und jetzt geht im Rücken des Löwen die Party richtig los. Dafür sorgen Seepromenade und Spielcasino, Luxusrestaurants und Szenekneipen.

Wellengereifter Schnaps

Die Deutschen lieben Apfelsaft, doch der stammt immer seltener von einem heimischen Apfelbaum. Verarbeitet wird in den Fruchtsaftfabriken zunehmend Konzentrat, das aus Polen, der Ukraine, ja sogar aus China importiert wird, weil es sehr viel preisgünstiger ist. Darunter hat natürlich der heimische Obstbau, allen voran der extensive Streuobstanbau, zu leiden, denn billig produzieren ist hier nicht gut

▲ Links wacht der Mangturm, rechts der bayrische Löwe

▼ Lindaus Stadtarchiv

▼ Haus zum Cavazzen, das schönste barocke Bürgerhaus am See

▼ Hexen toben zur Fasnetszeit durch Lindaus Gassen

▲ Der über 600 Jahre alte Diebsturm steht am höchsten Punkt der Insel

möglich. So ist Erfindungsreichtum gefragt, wenn man abseits des Mainstream eine lukrative Nische auftun möchte. Das versucht Rupert Lehle, Obstbrenner aus Meckenbeuren, auf eine ziemlich originelle Weise. Er schickt seinen Apfelschnaps 14 000 km weit hin und her über den Bodensee. Gut vertäut im Bauch der ›MS Stuttgart‹ schaukeln pro Saison fünf Fässer mit je 60 Litern zwischen Lindau und der Insel Mainau auf den Wellen. Dadurch, so Lehle, würden die Stoffe rascher aus dem Eichenholzfass gelöst und der Schnaps altere fünf- bis sechsmal so schnell. Sogar patentieren lassen hat er sich sein Rezept, das seit 1994 als ›Wellen-Apfelbrand‹ auf dem Markt ist. Ganz neu ist die Idee allerdings nicht: Auch die Norweger pflegen ihren Schnaps übers Meer zu schicken. Erst dann wird ein echter Aquavit daraus.

SPECIAL

Alle Jahre wieder

Seit 1951 treffen sich jährlich 20 bis 30 Nobelpreisträger in Lindau mit Studenten der Medizin, Physik und Chemie. Graf Bernadotte (Insel Mainau) und zwei örtliche Mediziner hatten seinerzeit das Ziel, die Isolation aufzubrechen, in die Deutschland nach dem Zweiten Weltkrieg gerutscht war. Niels Bohr besuchte schon das Treffen, Albert Schweizer, Konrad Lorenz und Werner Heisenberg. Seit 2004 geben sich auch die Träger der Wirtschafts-Nobelpreise in Lindau mit handverlesenen Studenten aus aller Welt ein Stelldichein. In Lindau, so wird allenthalben bestätigt, sei die Atmosphäre recht familiär, rund um die Veranstaltungen bleibe viel Zeit zum Plauschen und Kennenlernen. So mancher Nachwuchswissenschaftler hofft natürlich auch, die brillantesten Köpfe der eigenen Zunft auf sich aufmerksam machen zu können. Denn heutzutage gelingt Forschung kaum noch im Alleingang.

Jonagold, Elstar und Co.

Die Bodenseeregion mit ihrem milden Klima zählt zu den wichtigsten Obstanbaugebieten Deutschlands. Besonders dicht reihen sich die Apfel-, Birn- und Kirschbäume in der Gegend um Lindau aneinander. 2004 betrug auf der deutschen

▲ *Traumaussicht vom Pfänder auf Lindau und den Bodensee*

▲ *Im Bregenzer Wald kann man herrlich wandern*

▼ *Aufstieg von Bregenz aus mit der Pfänderbahn*

▼ *Die Pfänderspitze ist auch zu Fuß auf sehr gut ausgebauten Wegen zu erreichen ...*

▼ *... und oben dann die wohlverdiente Rast mit Panoramablick*

SPECIAL

Ent-falten am Bodensee

Vor Zeiten musste sich eine adlige, aber hässliche Dame aus Meersburg die Gesellschaft (und Küsse) der Konstanzer Ratsherren noch erkaufen, indem sie ihnen ihr bestes Weingut überschrieb. Heute würde die reiche Wendelgard ihr Geld wohl nehmen und in der Bodenseeklinik ihre Nase, die angeblich einem Saurüssel glich, zu einer vollendeten Zierde des Gesichts umoperieren lassen. Bei Prof. Dr. Dr. Werner Mang, der auf der schönen Lindauer Insel die wohl bekannteste europäische Schönheitsklinik betreibt, müsste sich Wendelgard aber im Schnitt ein halbes Jahr gedulden, bis sie an die Reihe käme. Nase begradigen, Fett absaugen, Kollagen rein und Falten raus, Implantate für die richtige Körbchengröße? Die Liste der Möglichkeiten ist lang. Von der äußeren Schönheit verspricht man sich mehr beruflichen und privaten Erfolg, und so hat man am Bodensee alle Hände voll zu tun. ›Nicht alles ist machbar‹, warnt Mang, der gegen die schwarzen Schafe seiner Zunft, die sich auf Kosten der Gesundheit anderer goldene Nasen verdienen, heftig zu Felde zieht. 1000 Nasen operiert der Ulmer, Jahrgang 1949, jährlich höchstpersönlich. Und er kennt die Grenzen seines Handwerks: ›Liebe kann man sich mit einer Schönheitsoperation nicht kaufen. Ein Facelifting rettet die Ehe nicht.‹

Seeseite die Erntemenge bei den Tafeläpfeln rund 230 000 Tonnen, das sind rund 70 % der Äpfel, die in Baden-Württemberg vom Baum gepflückt wurden und rund 27 % der gesamtdeutschen Apfelernte. Deutschlands beliebtester Apfel, der Elstar, ist hier die am zweithäufigsten angebaute Sorte, die nur vom Jonagold überholt wird. Ziemlich out dagegen sind Sorten wie Gloster, Boskoop und Cox Orange. Die Obstbauern am Bodensee verweisen gerne darauf, dass gut 80 % der Äpfel im ›integrierten Anbau‹ entstehen, wo Spritzmittel nur begrenzt eingesetzt werden. Doch nicht jeder Bauer, geplagt von schlechten Erträgen und hohen Auflagen beim Pflanzenschutz, hält sich an die strengen Spielregeln. Das zeigte ein Skandal im Jahr

▲ *Wenn die Obstbäume blühen, legt sich ein zarter Duft übers Land am See*

▼ *Ein Drittel aller Äpfel Deutschlands wird am Bodensee gepflückt*

▲ Wasserburg gehört zu den malerischsten Winkeln am See

▼ Gastlichkeit in Nonnenhorn

▲ Herbstzeit ist auch die Zeit der Trauben ...

▼ ... und der geselligen Weinfeste

2001, wo gegen über 120 Bodensee-Obstbauern ermittelt wurde, weil sie unerlaubte Spritzmittel eingesetzt hatten. So manche Obstplantage sieht man mittlerweile unter Netzen versteckt. Nicht um verbotenes Spritzen zu verstecken, sondern um die Bäumchen vor Hagelschlag zu schützen, der angeblich in den vergangenen 15 Jahren zugenommen hat. Denn Äpfel mit kleinen Macken sind nicht mehr als Tafelobst zu verkaufen und wandern in die Apfelpresse.

Der höchste Berg am Bodensee

Schaut man von Lindau Richtung Bregenz, sieht der Pfänder keineswegs spektakulär aus. Obwohl er mit 1064 m der höchste Berg am See ist, kann es sein breiter Rücken an Schönheit und Pracht mit den schneebedeckten Alpenriesen am Horizont nicht aufnehmen. Dafür ist der Pfänder ein einladender Berg: der eine besteigt ihn zu Fuß, andere radeln schnaufend den Berg hinauf, und wer die bequemste Lösung wählt, lässt sich von der Pfänderbahn in sechs Minuten in die luftigen Höhen tragen. Oben angekommen, breitet sich der Bodensee in seiner gesamten Länge aus, eine blaue, spiegelglatte Ebene, das Westende von weiß-blauen Schleiern verhüllt. Zur Rechten schiebt sich Lindau grün und weiß in den See hinein. Zur Linken breitet sich ein Häusermeer aus – das dicht besiedelte Tal des Rheins, der sich südwestlich von Bregenz in den See ergießt. Tief im Süden glänzt bei gutem Wetter das Rätikon mit dem Schesaplana (2967 m) als höchstem Gipfel. Im Alpenwildpark auf dem Pfänder stehen Steinböcke, wiegen ihr schweres Gehörn träge in der Morgensonne. Jährlich Anfang Mai toben wenige Tage alte Tierkinder herum und jagen ihren Eltern, ob Muffel-, Dam- oder Steinwild, mit fidelen Bocksprüngen die Gunst der Zuschauer ab.

Wo ist Bregenz?

Bregenz: Eine lockere Häuseransammlung mit viel Grün durchsetzt von den Flanken des Berges bis an den See. Vom Pfänder gesehen, fragt man sich ergebnislos, wo denn das Zentrum von Bregenz ist. Rund um den Hafen? Oder dort auf dem Hügel, wo Kirchturmspitzen einen Akzent

▲ *Eindrucksvoll: inatura-Museum in Dornbirn*

▼ *Bregenzer Festspiele: Unter freiem Himmel mit Blick auf den See ist Theater nochmal so schön*

▲ *Blickfang: Kunsthaus Bregenz*

▼ *Käseprobe im Hotel Schönblick zu Eichberg*

setzen? Beides ist richtig. Die Oberstadt ist der ältere Teil, der auf eine keltische Siedlung zurückgeht, die seit dem 4. Jh.v.Chr. hier stand. Heutiges Wahrzeichen der Altstadt ist der Martinsturm, dessen mächtige Zwiebelhaube Schindeln so dicht bedecken wie Schuppen einen Fisch. Sein Unterbau wurde im 13. Jh. errichtet, zu einer Zeit, als sich die Stadt schon mehr und mehr zum See hin ausbreitete. Heute darf man die alte Oberstadt als ruhig und idyllisch bezeichnen, ja fast schon ein bisschen verschlafen, während die Unterstadt als urbanes Zentrum gilt mit Läden, Einkaufspassagen, Museen. Mit das Schönste an Bregenz: der Pfändertunnel zieht den gesamten Durchgangsverkehr von der Innenstadt ab.

Schlucht der Giganten

Am Südende der Stadt Dornbirn wühlt sich die Dornbirner Ach durchs Gebein der Berge. Vom ›Gütle‹ aus brechen wir in die Rappenlochschlucht auf zu einem der spektakulärsten Spaziergänge im Bodenseeraum. Der Wanderweg ist hervorragend ausgebaut, festes Schuhwerk ist trotzdem zu empfehlen, auch wenn alles so harmlos beginnt: ein Schotterweg, der langsam ansteigt, rechterhand schwallt und rauscht die Ach über eine Gesteinsstufe. Eine Biegung weiter passieren wir eine Spalte in einer Felswand und finden uns in einem wahren Höllenschlund wieder. Die Felswände rücken eng und immer noch enger zusammen, sperren das Tageslicht fast aus, fein zerstäubtes Wasser flirrt glitzernd im letzten Sonnenstrahl. Dunkel öffnet sich ein knapp mannshoher Tunnel in einer Felswand, den wir erst langsam, dann immer schnelleren Schrittes durchqueren und aufatmend das Ende der Klamm erreichen. Riesige Felsblöcke legen sich dem gurgelnden Wildbach in den Weg, von hoch oben abgebrochen und herabgedonnert, hoffentlich hält das Gestein wenigstens heute noch...? Jetzt muss man nur noch eine steile Holztreppe hinauf, um die Oberwelt und einen idyllischen See zu erreichen. Dort warten Bänke und Vesperstellen. Gerne hätten wir auch die Alplochschlucht durchquert, doch das blieb uns verwehrt: herabgestürzte Felsblöcke hatten den Weg versperrt ....

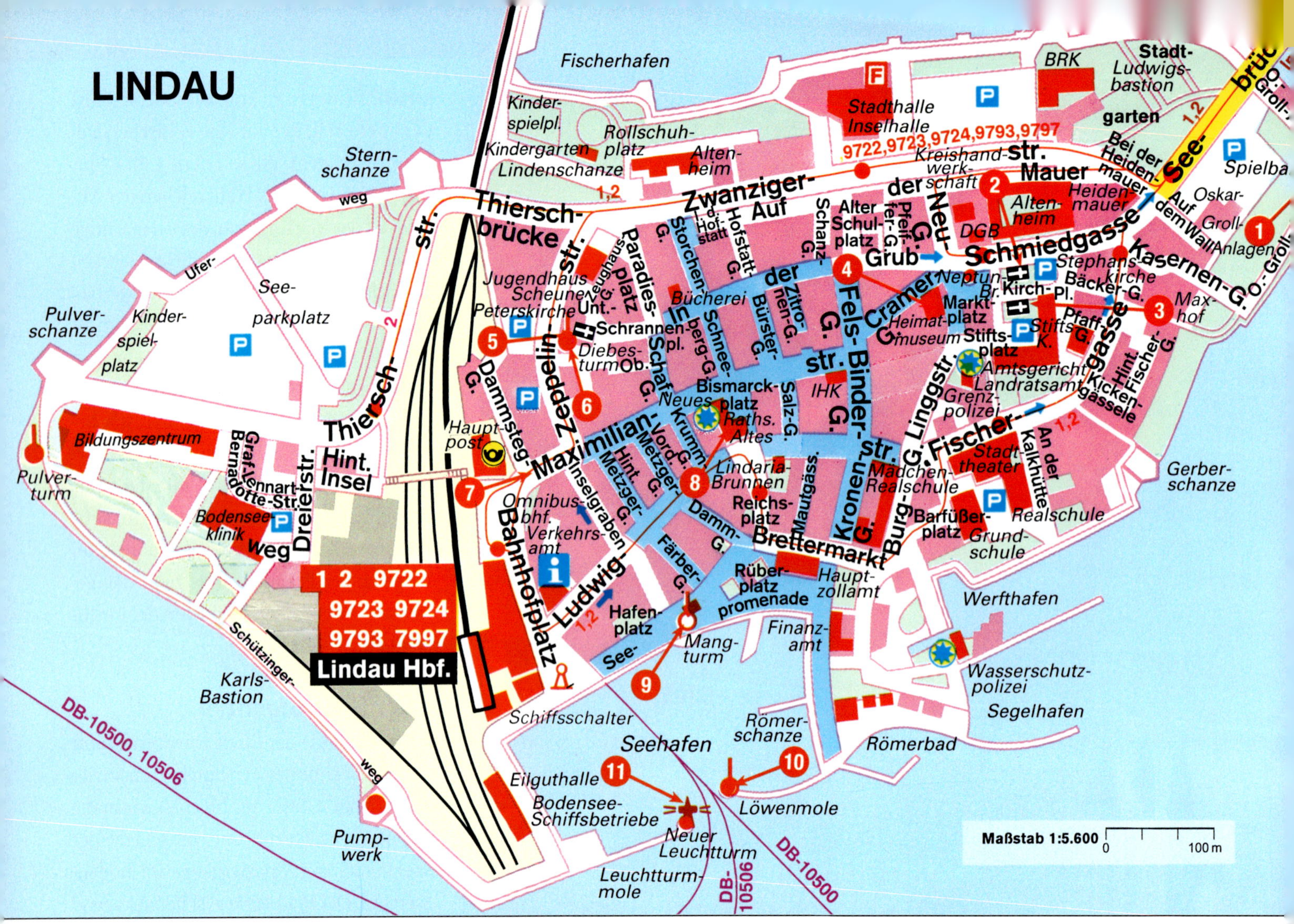

LINDAU
Fischerhafen
Kinderspielpl.
Rollschuhplatz
Kindergarten
Lindenschanze
Altenheim
Stadthalle Inselhalle
9722,9723,9724,9793,9797
Kreishandwerkschaft
BRK
Stadt-Ludwigsbastion
garten
Spielba
Sternschanze
Thierschbrücke
Zwanziger-Str.
Auf der Mauer
Heidenmauer
Bei der Heidenmauer
Auf dem Wall
Oskar-Groll-Anlagen
Schmiedgasse
Kasernen-G.
Seebrücke
Stephanskirche
Bäcker-G.
Maxhof
Pfaff-G.
Hint. Fischer-G.
Kickengasse
Ufer-Weg
Seeparkplatz
Pulverschanze
Kinderspielplatz
Jugendhaus Scheune
Peterskirche
Paradiesplatz
Unt. Schrannen-Pl.
Ob. Schrannen-Pl.
Diebesturm
Bücherei
Storchen-G.
Hofstatt
Hofstatt-G.
Alter Schulplatz
Grub
Neptun-Br.
Kirch-Pl.
Marktplatz
Stiftsplatz
Heimatmuseum
Amtsgericht
Landratsamt
Grenzpolizei
Fels-G.
Binder-G.
Cramer-G.
Zitronen-G.
Bürster-G.
In der Grub
Schneeberg-G.
Bismarckplatz
Neues Raths.
Altes Raths.
Salz-G.
IHK
Linggstr.
Fischergasse
Stadttheater
An der Kalkhütte
Gerberschanze
Bildungszentrum
Graf-Lennart-Bernadotte-Str.
Hint. Insel
Thiersch-str.
Hauptpost
Dammsteg.
Zeppelinstr.
Maximilianstr.
Krummg.
Vord. Metzger-G.
Hint. Metzger-G.
Lindaria-Brunnen
Reichsplatz
Mautgäss.
Kronenstr.
Mädchen-Realschule
Burg-G.
Barfüßerplatz
Realschule
Grundschule
Pulverturm
Bodenseeklinik
Dreierstr.
Weg
Omnibus-bhf.
Verkehrsamt
Inselgraben
Ludwigstr.
Bahnhofplatz
Färber-G.
Damm-G.
Brettermarkt
Rüberplatz
Seepromenade
Hauptzollamt
Werfthafen
1 2 9722
9723 9724
9793 7997
Lindau Hbf.
Hafenplatz
Mangturm
Finanzamt
Wasserschutzpolizei
Segelhafen
Karls-Bastion
Schützinger-Weg
Schiffsschalter
Seehafen
Römerschanze
Römerbad
DB-10500, 10506
Eilguthalle
Bodensee-Schiffsbetriebe
Löwenmole
Neuer Leuchtturm
Leuchtturmmole
Pumpwerk
DB-10506
DB-10500
Maßstab 1:5.600
0
100 m

Langenargen
Schloss Montfort
Nonnenhorn
Wasserburg (Bodensee)
Bodolz
Weißensberg
Sigmarszell
LINDENBERG im Allgäu
Scheidegg
Weiler-Simmerberg
Oberreute
LINDAU Bodensee
Hörbranz
Möggers
Lochau
Eichenberg
Hirschberg
Sulzberg
BREGENZ
Langen
Arbon
Steinach
Horn
RORSCHACH
Goldach
Rorschacherberg
Rheinspitz
Hard
Fußach
Höchst
Gaißau
Lauterach
Kennelbach
Wolfurt
Schwarzach
Alberschwende
Egg
Lingenau
Heiden
Walzenhausen
RHEINECK
Sankt Margrethen
Lustenau
DORNBIRN
Schwarzenberg
Andelsbuch
Bezau
Reuthe
Bizau
Mellau
Oberegg
A.I.
Balgach
Rebstein
Widnau
Diepoldsau
Trogen
Speicher
Ruppen-Pass
ALTSTÄTTEN
Bühler
Gais
Kriessern
Mäder
Altach
HOHENEMS
Appenzell
Maßstab 1:200.000
0
3 km
92

Infos

Im Bregenzer Wald reift hervorragender Käse heran wie hier im Käsekeller in Lingenau

Wasserburg 1

Wie Lindau war auch Wasserburg einst eine Insel. Hier brachten sich schon im 10. Jh. Mönche vor den Hunnen in Sicherheit. Doch dann schütteten die Fugger 1720 den Seegraben zu, weil ihnen die Instandsetzung der Brücke zu teuer erschien, und aus war es mit dem Inseldasein. Das hat Wasserburg auch gar nicht nötig. Mit seinem Kirchlein und dem weißen Schloss gehört es sowieso schon zu den malerischsten Flecken des Bodensees. Der Schriftsteller Martin Walser wuchs hier auf und der Komponist des Liedes ›Oh du lieber Augustin‹, Horst Wolfram Geißler, liegt hier begraben.

Museen: Fischerei und Stadtgeschichte, dazu die alten Gefängniszellen sind im **Museum im Malhaus** zu sehen. Der Name ›Malhaus‹ hat nichts mit Malen zu tun, vielmehr waren hier die ›Schlechten‹ (malus = schlecht) eingesperrt: bei den Wasserburger Hexenprozessen wurden 1656–1664 über 20 Menschen eingesperrt, gefoltert und die meisten verbrannt (tgl. 10.00–12.00, Mi., Sa. auch 15.00–17.00 Uhr).

Aktivitäten: Wem das Bodenseewasser zu kalt sein sollte, kann ins **Freizeitbad Aquamarin** ausweichen, das über ein beheiztes Becken direkt am See verfügt, ein Jugendbecken und ein Spieleland (Mai–Sept. tgl.).

Umgebung: In **Nonnenhorn**, rund 2 km westlich von Wasserburg, beginnt Bayern! Davon merkt man in dem 1500-Einwohner-Dörfchen allerdings nichts. Viel hervorstechender ist der Charakter Nonnenhorns als Obst- und Weinbaugemeinde. Davon zeugt der Torkel von 1591, die älteste erhaltene Weinpresse am Bodensee in der Mitte des Dorfes, das auf einer Halbinsel liegt. Alle sieben Jahre findet in Nonnenhorn der Schäfflertanz statt, also 2005, 2012 usw. Sehenswert ist die Kapelle St. Jakobus (Ortsmitte, 15. Jh.). Hier machten die Pilger auf dem Weg nach Santiago de Compostela einst Station. Heute ist die wertvolle Innenausstattung einen Besuch wert, aber auch der Genuss des Gesamtensembles mit Kirchlein, Baum, Brunnen und den Findlinge, die zum Gedenken an die Seegfrörne 1880 aufgestellt wurden.

ⓘ Gemeinde Wasserburg, Lindenplatz 1, 88142 Wasserburg, Tel. 08382/887474, Fax 89042, www.wasserburg-bodensee.de

Lindau 2

TOP ZIEL

Der schöne Name Lindau leitet sich ab von einem Chorfrauenstift ›Unserer Lieben Frau unter den Linden‹, das schon seit dem 9. Jh. bei der Ufersiedlung Aeschach bestand. Lindaus Kaufleute zeichneten sich durch Cleverness aus, denn sie machten die Stadt zu einem Umschlagplatz für Waren aller Art und richteten eine Handelslinie ein, den Mailänder Boten, der sich von Lindau über Augsburg nach Oberitalien erstreckte, und Lindau blühte auf. 1805 fiel Lindau an Bayern.

Sehenswert: Berühmt ist die Hafeneinfahrt mit Leuchtturm und **Löwe** 10 (erbaut 1853–1856). Der **Neue Leuchtturm**, 11 Gegenpol des Löwen, gilt als hervorragender Aussichtspunkt. Der **Mangturm** (13. Jh.) 9 wird auch Alter Leuchtturm genannt, war aber tatsächlich einst Teil der Stadtmauer, die 1811 abgerissen wurde. Mit besonders prächtigen Wandmalereien zur Lindauer Geschichte versehen ist das **Alte Rathaus** (um 1430, umgebaut 1578) 8 am Bismarckplatz. 1496 tagte im gotischen Saal der Reichstag. Kirchen finden sich auf der kleinen Insel gleich drei: Die älteste, **St. Peter** am Schrannenplatz (11. Jh.) 5, sollten Sie unbedingt besuchen wegen des Freskos von Hans Holbein d.Ä. ›Lindauer Passion‹ (um 1480). Auf das 12. Jh. geht **St. Stephan** 2, die evangelische Stadtpfarrkirche, zurück. Nach dem Stadtbrand von 1728 neu aufgebaut im spätbarocken Stil von Giovanni Bagnato wurde die **Stiftskirche Maria Himmelfahrt** 3. Der **Diebsturm** 6 neben der Peterskirche, einst Teil der Stadtmauer, diente lange Zeit als Gefängnis und wird heute langsam vom Efeu verschlungen. Am meisten los ist in der **Maximilianstraße** 7: Die hübschen Laubengänge beherbergen zahlreiche Boutiquen, Restaurants und Cafés. Das erste Gebäude auf der linken Seite, wenn man von der Neuen Seebrücke her auf die Insel fährt, ist die **Spielbank** 1 (So.–Do. 15.00–2.00 Uhr, Fr., Sa. bis 3 Uhr).

Museen: Viele herrlich bemalte Häuser schmücken Lindau, doch das **Haus zum Cavazzen** (1728/1729 erbaut) 4 gilt als Juwel unter ihnen, manche halten es sogar für das schönste Bürgerhaus am Bodensee. Hier präsentiert das Stadtmuseum seine Schätze, darunter eine Sammlung mechanischer Musikinstrumente (Apr.–Okt. Di.–Fr., So. 11.00–17.00, Sa. 14.00–17.00 Uhr). Nobelvillen am Seeufer? Die gibt es im Ortsteil Bad Schachen, seit Lindau 1848 die Rolle als Sommerresidenz der Wittelsbacher zufiel. In der Villa Lindenhof wird weniger dem Mammon gefrönt als dem Frieden: Das **Friedensmuseum** im Lindenhofpark will Denkanstöße für friedliche Formen der Konfliktbewältigung geben (Mitte Apr.–Mitte Okt. Di.–Sa. 10.00–12.00, 14.00–17.00, So. 10.00 bis 12.00 Uhr). An skandalträchtigen Messaliancen mangelt es auch dem bayrischen Adel nicht. Im **Lola-Montez-Schlösschen** im Stadtteil Aeschach soll Lola Montez, die Geliebte des bayrischen Königs Ludwig I., zeitweise gewohnt haben.

TIPP

Natur ganz anders

Mit verstaubten Tierpräparaten und langweiligen Schaukästen hat das Naturkundemuseum ›inatura‹ nichts zu tun. Auf 2500 m² vertieft man sich hier in einer eindrucksvollen Erlebnisschau mehr forschend als passiv betrachtend in Naturphänomene aller Art. Filme, 3 D, Überblendtechniken, Lichteffekte, interaktive Spiele – hier werden alle medialen Register gezogen. Besonders spannend: Unterwasserkino, besonders aufschlussreich: tierische Mitbewohner einer ganz normalen Küche, besonders vielfältig: die Mineraliensammlung (Jahngasse 9, tgl. 10.00–18.00, Do. bis 21.00 Uhr).

TIPP

Edle Seidenstrümpfe

Der Nobelhersteller von Seidenstrümpfen und Damendessous Wolford hat seinen Firmensitz in Bregenz. Seidenstrümpfe, Badeanzüge, hautenge Bodys, neuerdings auch Röcke und Hosen bilden im regulären Handel die Mercedesklasse dieser Bekleidungsgattung. Wolford-Boutiquen finden sich von Baden-Baden bis zur Madison Avenue in New York und der Rue St. Honoré in Paris. Wer es etwas billiger haben möchte, kann sich im Fabrikverkauf des Stammwerkes in Bregenz eindecken (Wolfordstr. 2, Tel. 0043/5574/6901864).

Kultur: Das Lindauer Marionettentheater für Erwachsene spielt ganzjährig im Stadttheater (Tel. 08382/944650).

ⓘ Pro Lindau Marketing, Ludwigstr. 68, 88131 Lindau, Tel. 08382/260030, Fax 260026, www.lindau-tourismus.de

Bregenz 3

Herz von Bregenz ist die Oberstadt, wo die Kelten als Erste siedelten. Unter den Römern stieg ›Brigantium‹ zum Kriegshafen auf. 1805 – 1814 war die Stadt kurzzeitig bayrisch. Heute ist Bregenz Landeshauptstadt von Vorarlberg. Im Schnittpunkt von vier Ländern (Österreich, Schweiz, Deutschland, Liechtenstein) gelegen, gilt sie auch als wichtige Kulturmetropole. Dazu haben nicht zuletzt die international berühmten ›Bregenzer Festspiele‹ beigetragen, mit denen sich Bregenz seit 1946 jährlich überregional einen Namen macht.

Kultur: Leonard Bernstein, José Carreras, Placido Domingo und andere Größen aus der Welt von Oper, Theater und Ballett haben zum hervorragenden Ruf der **Bregenzer Festspiele** beigetragen. Wer einmal die Aufführungen auf der Seebühne vor dem Hintergrund von Bodensee, Alpen und unter offenem Himmel erlebt hat, wird sicher noch lange davon schwärmen. Wenn es regnet, werden die Aufführungen ins **Festspielhaus** verlegt (jährlich im Juli/August, Büro für die Festspiele, Postfach 311, A-6901 Bregenz, Tel. 0043/5574/4076, Fax 407400, www.bregenzerfestspiele.com).

Sehenswert: In der Oberstadt (Altstadt): Angeblich trägt der **Martinsturm** den größten Zwiebelturm Europas. Der 1599 – 1602 erbaute Turm ist das Wahrzeichen der Stadt und dank seiner Lage auf dem Hügel nicht zu

Der Zwiebelturm markiert Wasserburg

übersehen. Im Turm, von dem aus man eine gute Aussicht hat, ist ein **militärgeschichtliches Museum**. Besonders hübsch: der Vorhof des Turmes, wo man auf netten Bänkchen sein Vesperbrot verzehren kann.

Genau auf der anderen Seite des Thalbaches liegt die **Pfarrkirche St. Gallus** (14./15. Jh.). Anton Beer gestaltete die Kirche im 18. Jh. um. Besonderer Blickfang: der Hochaltar mit dem Bären des Heiligen Gallus (1740). Von einer Mauer eingefasst ist das Kapuzinerkloster mit Kapuzinerkirche von 1636.

Unterstadt: Einkaufen, am See flanieren, im Straßencafé plauschen, all das ist in der Unterstadt angesagt. Im Westteil der Stadt liegt recht idyllisch **Kloster Mehrerau**, das noch heute von Zisterziensermönchen bewohnt wird. Die Brüder in der berühmten Wallfahrtskirche Birnau gehören übrigens zum Kloster Mehrerau.

Museen: Unübersehbar drängt sich der Kubus des **Kunsthaus** Bregenz nicht weit vom Seeufer entfernt in den Blick. Seit 1997 wird hier zeitgenössische Kunst ausgestellt (Di. – So. 10.00 – 18.00, Do. bis 21.00 Uhr). Einen Einblick in die Vorarlberger Landesgeschichte gibt das **Vorarlberger Landesmuseum** (Di. – So. 9.00 – 12.00, 14.00 – 17.00 Uhr).

Ausflüge: Auf den Hausberg von Bregenz, den **Pfänder**, kommt man sehr bequem mit der Pfänderbahn (Betriebszeiten tgl. 9.00 bis 19.00 Uhr). Die Talstation beherbergt das Pfänderbahnmuseum, an der Bergstation kann man im Alpenwildpark flanieren (30-minütiger Rundwanderweg) und die Adlerwarte besuchen (Greifvogel-Flugschau Vorführungen Mai – Anf. Okt. 11.00, 14.30 Uhr).

ⓘ Tourismus und Stadtmarketing, Bahnhofstr. 14, A-6900 Bregenz, Tel. 0043/5574/49590, Fax 495959, www.bregenz.at

Dornbirn 4

Mit 44 000 Einwohnern ist Dornbirn noch vor Bregenz die größte Stadt Vorarlbergs. Zwar liegt die moderne Wirtschaftsmetropole nicht direkt am See, dafür sind hier die Alpen im Handumdrehen zu erreichen. Die Museen im Umfeld der Einkaufsstadt sind für Bodensee-Besucher durchaus den Abstecher ins Hinterland wert.

Museen: Direkt am Marktplatz in einem Bürgerhaus des 19. Jh. untergebracht, darf sich das 1997 eröffnete **Stadtmuseum** über eine bereits preisgekrönte Ausstellung freuen. Stadtgeschichte wird hier nicht überfrachtet, sondern angenehm portioniert in übersichtlichen, ästhetisch gelungenen Vitrinen und Schautafeln dargeboten (Di. – So. 10.00 bis 12.00 und 14.00 – 17.00 Uhr). Für Liebhaber der chromblitzenden Nobelkarossen lohnt das **Rolls-Royce-Museum**. In seiner ›Hall of Fame‹ stehen Queen Mum's Paradewagen und Diktator Francos Royce im Kreise von insgesamt 20 berühmten Karossen einträchtig nebeneinander (Ortsteil Im Gütle, Di. – So. 10.00 – 17.00 Uhr). Gegenüber von den Nobelkarossen zeigt das 2003 eröffnete

Bregenzer Yachthafen

Infos

In Nonnenhorn steht ein 1591 gebauter Torkel, die älteste erhaltene Weinpresse am Bodensee

Krippenmuseum seine Schätze, die weit über Maria und Josef, Ochs und Esel hinausgehen. Bei Krippen war und ist der Phantasie keine Grenze gesetzt, das zeigen die Exponate aus Afrika, Lappland, China, natürlich auch die aus dem europäischen Raum (Di.–So. 10.00–17.00 Uhr).

Umgebung: Vom Ortsteil Gütle aus bietet sich ein perfekter Einstieg in die spektakuläre **Rappenlochschlucht**. Man kann das Auto auf den Parkplätzen neben dem Krippenmuseum stehen lassen und von dort aus einem markierten, gut ausgebauten Wanderweg folgen. Festes Schuhwerk empfohlen!

TIPP

Die besten Fotos

Wer gerne den Bodensee in all seiner Pracht ablichten möchte, sollte dies vorzugsweise im Frühling oder Herbst tun. Dann ist die Luft klar und die Fernsicht oft gut, im Sommer hingegen vereitelt der Dunst, der fast immer über dem See liegt, Panorama-Aufnahmen allzu häufig. Auch der Winter ist zum Fotografieren des häufigen Nebels wegen nicht optimal. Staraufnahmen von großen Teilen des Sees sind z.B. möglich vom Pfänder (Bregenz), vom Leuchtturm in Lindau und vom Turm des Konstanzer Münsters oder der Terrasse der Wallfahrtskirche Birnau aus. Den ganzen See überblickt man bei entsprechendem Wetter vom Hohentwiel bei Singen aus.

So wie im **Bödele** stellt man sich die Almen vor: Sonne, duftende Bergkräuter, Blick auf schneeweiße Gipfel – der ca. 10 km entfernte Hausberg von Dornbirn gilt als ausgezeichnetes Wandergebiet. Im Winter laufen zahlreiche Lifte. Rund ums Bergdorf **Ebnit** (10 km südlich von Dornbirn) gibt es die Möglichkeit, im Hochseilgarten zu klettern, man kann reiten oder sich auch dem abenteuerlichen Canyoning widmen (Tel. 0043/5572/2494379, www.innovent.at, Infos zum Wanderreiten mit Islandpferden unter Tel. 0043/5572/3063501, zum Canyoning unter Tel. 0043/664/2207927 oder im Internet unter www.canyoning-team.com).

Im Archiv des Palastes der Grafen von **Hohenems** wurden im 18. Jh. die Handschriften A und C des Nibelungenliedes gefunden. Die 6 km von Dornbirn entfernte Stadt im Rheintal unterhält ein Jüdisches Museum, das die Geschichte der Hohenemser Juden dokumentiert (Di.–So. 10.00–17.00 Uhr,). Mit 2000 Jahren fortschreitend verfeinerter Mühlentechnik befasst sich Stoffels Säge-Mühle (25. Apr.–Okt. tgl. 9.00–18.00 Uhr).

Unmittelbar an der Grenze zur Schweiz, 8,5 km westlich von Dornbirn, liegt **Lustenau**, ein ehemaliger Schwerpunkt der Stickerei in Österreich. Über diese zarten Produkte und ihre Geschichte informiert das Stickereimuseum (Mo.–Fr. 8.00–12.00, 14.00–17.00 Uhr). Der Rhein spielt für den Bodensee eine wahrlich nicht unerhebliche Rolle: Viel Wissenswertes über den alten Vater Rhein ist im Natur- und Flussbaumuseum Rhein-Schauen zu sehen (Mai–Sept. Mi., Fr., Sa. 13.00–17.00 Uhr). Die Lustenauer Malerin Stephanie Hollenstein stellt in ihrer eigenen Galerie aus (Mi.–Fr. 18.00–21.00, Sa. 16.00 bis 20.00, So. 9.00–12.00 Uhr).

ⓘ Dornbirn Tourismus, Rathausplatz 1, A-6850 Dornbirn, Tel. 0043/5572/22188, Fax 31233, www.dornbirn.at

SPECIAL

Fisch vom See

Wer einmal einen Karpfen aus einem trüben Teich gegessen hat, weiß, wie sich die Wasserqualität auf den Geschmack der Fische auswirken kann. Das Wasser des Bodensees hat Trinkwasserqualität und so stehen Bodenseefische als exquisiter Speisefisch hoch im Kurs. 163 Berufsfischer tun alles, um die Teller der Fischfreunde zu füllen. Abends legen sie ihre Netze aus, im Morgengrauen wird der Fang eingeholt. Bislang bewegten sich die Fänge immer zwischen 770 und 1263 Tonnen. 2004 zogen die Fischer der drei Anrainerstaaten 1050 Tonnen Fisch aus dem See. Allein auf die begehrten Felchen entfielen dabei 806 Tonnen. Mit 153 Tonnen auf dem 2. Platz lagen die Barsche, zu denen auch der begehrte Kretzer (auch Egli genannt) gehört. Nur sehr selten geht den Fischern die besonders edle Lachsforelle als Beifang ins Netz.

In den 50 Milliarden Kubikmetern Bodensee-Wasser tummeln sich auch viele andere Tierchen. Manche bereiten den Forschern Sorgen, z.B. die so genannten Neozoen, Tierarten, die ursprünglich nie hier vorkamen. Dazu zählen die Zebra- und Dreikantmuscheln, die millionenfach den Boden des Sees besiedeln. Mittlerweile haben die Wasservögel allerdings entdeckt, wie man die Muscheln, die ursprünglich im Kaspischen Meer heimisch sind, knackt und tun das Ihre, um der Muschelinvasion Einhalt zu gebieten. Vermutlich wurde sie durch Boote eingeschleppt, die ungereinigt zu Wasser gelassen wurden. Auch die nordafrikanische Schmuckschildkröte streckt hier und da ihren faltigen Kopf aus dem See. Dahinter dürften Terrarienfreunde stecken, die ihre Lieblinge in die Freiheit entließen. Problem ist, dass manche der Einwanderer einheimische Arten verdrängen. Daher beobachten Naturschützer die Neozoen mit Argusaugen.

Süßes Leben am Strand

Anders als das Bodensee-Nordufer scheint die Schweizer Seite vom Tourismus keineswegs überrannt. Ein bisschen Dolce Vita am Strand auf den Badeinseln, ein bisschen Träumen an den Uferpromenaden, Flanieren in den malerischen Städten, alles geht hier seinen wunderbar gelassenen Gang. Im Niemandsland ist man aber keineswegs angekommen, bürgt doch die Schweiz für hervorragende Restaurants, gediegene Weine, köstlichen Käse und Kulturdenkmäler von Weltruf wie die Stiftsbibliothek zu St. Gallen oder das Napoleonschloss Arenenberg.

Bei Schaffhausen tost der Rheinfall, und schon Goethe konnte sich kaum losreißen vom Anblick des größten Wasserfalls von Europa.

▲ Unbedingt eine Reise wert sind Stiftskirche ...

▲ Blick auf die Bendediktinerabtei St. Gallen

▲ St. Gallen ist für seine verzierten Erker bekannt

▼ ... und Stiftsbibliothek St. Gallen

▼ Meisterhafte Stuckreliefs und herrliche Malereien zieren die Stiftskirche

Ein Zwilling des Nordufers ist die Schweizer Seite nicht: Zwar lockt das Hinterland mit lieblichen Wiesen und Obstbäumen, Kuhglockengeläut und allen Arten von Wasserfreuden entlang des Bodensees und auch die Altstadt von Stein am Rhein ist wunderschön. Doch es fehlt der überwältigende Blick auf den See plus die Alpen. Am See hat sich viel Industrie angesiedelt und touristisch interessant wird es erst wieder im Schatten der Alpen, im Appenzellerland und St. Gallen. Wer Berge liebt, sollte sich den 2502 m hohen Säntis nicht entgehen lassen. Zu einzigartig ist der Rundblick von hier oben auf den See und die zackig-weißen Kronen der Viertausender, darunter Eiger, Mönch und Jungfrau. Bei Föhn sieht man sogar das Ulmer Münster. Wer keine gute Kondition hat – die braucht man für den Gipfelsturm unbedingt! – kann mit der Säntisbahn von der Schwägalp aus bequem zum Gipfel schweben, über Murmeltiere und Gämsen hinweg, und aus 2473 m Höhe auf das Appenzellerland hinabsehen.

Wo Gallus mit dem Bären rang

Im Jahre 612 machte sich der berühmteste Mönch des Bodensees auf, um in der Wildnis eine Mönchszelle zu gründen. Doch wo den Grundstein legen? Der Wald war groß und weit, ein grüner Dschungel voller Gefahren. Am Steinachtobel passierte Gallus ein Missgeschick – er stolperte und fiel in die Dornen. Dornen! Das wertete der fromme Mönch als Fingerzeig Gottes, genau hier eine Klause zu errichten. Der Plan stieß bei seinem Gefährten Hiltibod keineswegs auf Gegenliebe: ›Diese Einöde ist rau und nass, hat hohe Berge und enge Täler und vielfaches Wildgetier‹, warnte er den Gallus. Doch der blieb bei seiner Entscheidung und es kam, wie Hiltibod vorhergesehen hatte: Eines schönen Tages, so erzählt die Legende, traf der Mönch beim Holzsuchen in der Wildnis auf einen Bären, der sich grimmig vor dem Menschlein aufrichtete. Doch mit göttlichem Beistand zähmte Gallus das Tier, das ihm daraufhin sogar beim Holzholen behilflich war. Der Bär, einen Holzstamm unterm Arm, ist das beliebteste Bildmotiv der Galluslegende geworden. Nach Gallus' Tod errichtete man über seinem Grab ein

▲ Liebliche Landschaft im Schweizer Hinterland bei Trogen

▲ Römerhof zu Arbon, einst Teil der Stadtbefestigung, heute Gasthof

▼ Von Romanshorn starten Fähren nach Friedrichshafen und Konstanz

▼ *Arbon, hier Galluskapelle und Martinskirche, gilt als Perle des Schweizer Ufers*

▼ *Nicht versäumen: das jährliche Sandskulpturfestival in Rorschach*

Kloster, das rasch ein berühmter Wallfahrtsort und später eine mächtige Abtei wurde. Heute gilt St. Gallen mit seinen verwinkelten Gässchen und prächtigen Häusern als eine der schönsten Einkaufsstädte weit und breit.

SPECIAL

Eine Schatzkammer voller Bücher

Von außen wirkt der Bau, der die St. Gallener Stiftsbibliothek beherbergt, wenig spektakulär. Durch ein nüchternes Treppenhaus erklimmt man den ersten Stock, steuert auf eine Reihe von Filzschlappen in allen Schuhgrößen zu, wählt das passende Paar, schlurft über die Schwelle und tritt in einen überwältigenden Raum, den bernsteinfarbenes Licht durchflutet. Alles ist über und über mit herrlichen Schnitzereien und Gemälden versehen, der Fußboden ein wahres Meisterwerk der Intarsienkunst, darüber wölbt sich ein barocker Himmel aus Stuck und Farbe. Hinter vergitterten Regalen stehen 30000 Bücher, keineswegs alles religiöse Literatur, sondern auch Werke aus der Kunstgeschichte, der Musik, Medizin und Jura. Insgesamt besitzt die Bibliothek 150000 Bände. Größter Schatz sind die rund 2000 Original-Handschriften, darunter eine Version des Nibelungenliedes (datiert auf ca. 1270) und der berühmte St.Gallener Klosterplan (um 820). Mönche hatten sich einst über das Pergament gebeugt und oft genug bei schlechtem Licht mit spitzer Feder herrliche Kunstwerke geschaffen, Buchstabe für Buchstabe von Hand geschrieben, die Psalter, Evangeliare und Codices mit Bildern versehen und mit zierlich geschnitzten Bucheinbänden. Heute zählt die Stiftsbibliothek zum Welterbe der UNESCO.

Besuch in Arbon

›Glücklicher Baum‹, Arbon felix, nannten die Römer das Städtchen am Nordufer des Bodensees. Inwieweit die Bäume hier glücklich sind, muss offen bleiben, als Besucher kann man hier indes unzweifelhaft sehr schöne Tage verbringen. Die Altstadt thront auf einem kleinen Hügel, an dessen Fuß sich die Seepromenade entlangschlängelt. Enten, Schwäne und Flaneure ergehen sich hier nahe der Altstadt, ans Westende

▲ Vier spitze Ecktürmchen zieren den Turmhof in Steckborn

▲ Wild, laut, nass: der Rheinfall ist der größte Wasserfall Europas

▼ Schloss Arenenberg bezaubert mit einer traumhaften Aussicht auf den Untersee

▼ Nervenkitzel pur: Bootspartie zum Rheinfall

▼ Gleich geht's los! An der Steckborner Anlegestelle

der Promendade hingegen zieht es eher Jugendliche und Familien. Dort erstreckt sich gleich neben dem eingezäunten Freibad das weitläufige Strandbad mit Grillstellen und Bänkchen, dazu ein Restaurant mit riesiger Terrasse – dank Selbstbedienung und erschwinglicher Preise treffen sich hier auch gern junge Leute. Mädchen in knappen Bikinis und sonnengebräunte Jungen spielen Beachvolleyball, später kühlt man sich im Bodensee ab, nebenan bräunen schon die Würstchen und Steaks auf dem Grill. Bis spät in den Abend hinein herrscht hier viel Trubel. Und ganz früh am Morgen, wenn noch der Tau auf den Wiesen funkelt und die Feriengäste schlafen, machen die Schweizer ihrem Namen als Weltmeister der Sauberkeit alle Ehre: Dann kontrolliert eine vierköpfige Putzkolonne jeden Mülleimer, jedes Bänkchen und jede erlaubte wie verbotene Feuerstelle und schafft penibel Ordnung. Glückliches, gepflegtes Arbon!

Arkadien am Bodensee

In nobler Halbhöhenlage mit Blick auf die Insel Reichenau thront Arenenberg. Von diesem Schloss aus ist das Westende des Bodensees zu sehen, hohe Bäume, Wiesenfläche, blumengeschmückte Anlagen umgeben das Schloss, das an goldenen Sonnentagen wie ein Abglanz von Italien wirkt. Doch manche Bewohner des schönsten Schlosses am Bodensee hatten kein leichtes Schicksal zu tragen. Erbaut zwischen 1540 und 1546, lebte hier von 1817 bis 1837 Hortense de Beauharnais. Sie war die Stieftochter Napoleons I., Tochter aus erster Ehe von Napoleons Frau Josephine Beauharnais. Hortense wurde mit Louis Bonaparte verheiratet, einem Bruder Napoleons, dem sie drei Kinder gebar, doch glücklich war die Ehe nicht. 1815, als Napoleons Reich unterging, flüchtete Hortense zunächst nach Konstanz und kaufte dann 1817 Arenenberg. Louis Napoleon wuchs hier auf, ihr jüngster Sohn, der von 1852 bis 1870 als Kaiser Napoleon III. Frankreich regieren sollte. Hortense lebte mit einigen Unterbrechungen am Bodensee. Hier auf Arenenberg, getrennt von ihrem Mann, verbannt und fern der Heimat widmete sie sich ihrem nächsten Umfeld: sie malte viel, baute das Anwesen um und

▲ ›Munot‹ wird Schaffhausens markante Befestigung genannt

▲ Rathaus ... ▼ ... und Bürgerhäuser mit Prachtfassaden in Stein am Rhein

▼ Stein am Rhein: Fassadendetail am Rathaus ...

▼ ... und der Rathausbrunnen

legte einen wunderschönen Landschaftsgarten an, der mediterranes Flair an den Bodensee trug. Heute ist das Schloss ein Museum: Die Großen Frankreichs aus dem 19. Jh. blicken, in Öl gemalt, mit ernsten Mienen von den Wänden, die Möbel, Stil Louis XVI. und Biedermeier, sind original erhalten. So edel und fürstlich die gesamte Einrichtung auch sein mag, sind doch die sanitären Einrichtungen, der Zeit entsprechend, alles andere als pompös, darüber trösten auch Toilettenstuhl, Nachttopf und Waschschüssel in Luxusausführung nicht hinweg. Bei den umfangreichen Restaurierungsarbeiten hat man sich bemüht, alles wie zu Hortenses Zeiten nachzubilden. Für die herrlichen Tapeten, die das Schlafzimmer der Königin schmücken, mussten die Restauratoren ihre Fühler bis nach Berlin ausstrecken, um einen Tapetenweber zu finden, der noch nach alter Art arbeitet. Am 3. Oktober 1837 starb Hortense in ihrem Schlafzimmer auf Arenenberg.

Absturz des Rheins

Bei Schaffhausen stürzt der Rhein auf einer Breite von 150 m rund 23 m in die Tiefe. Noch im 16. Jh. empfand Sebastian Münster den Rheinfall als ein ›grausam ding‹, Goethe hielt sich 1797 einen ganzen Tag hier auf, um sich dem ›Naturphänomen in seinem vollen Glanze‹ zu widmen, Mörike sah mit zitterndem Herz ›donnernde Massen auf donnernde Massen geworfen‹. Heute kommen die Besucher an, werfen einen schnellen Blick auf die schäumenden Wassermassen, und sind auch schon wieder verschwunden. Immer noch ist der Rheinfall der größte Wasserfall Europas – doch in Zeiten, in denen die meisten Gäste die halbe Welt bereist haben, wirkt er auf viele längst nicht mehr so spektakulär. Mit dem Schiff kann man nahe an die Wassermassen heranfahren, das verspricht dann schon eher den rechten Nervenkitzel. Ansonsten scheint der Rheinfall ein Fall für die Zukunft geworden zu sein: für Menschen, die ein Naturschauspiel mit allen Sinnen genießen können wie Mörike mit Ohr und Aug und Herz, die den leichten Gischtnebel auf der Haut registrieren, den Geruch wirbelnden Wassers, die Farben und das Licht auf den tanzenden Wellen.

RAVENSBURG
ÜBERLINGEN
MARKDORF
TETTNANG
FRIEDRICHSHAFEN
MEERSBURG
KONSTANZ
KREUZLINGEN
SINGEN
RADOLFZELL
SCHAFFHAUSEN
DIESSENHOFEN
STEIN
STECKBORN
FRAUENFELD
WINTERTHUR
WIL
WEINFELDEN
BISCHOFSZELL
ROMANSHORN
ARBON
RORSCHACH
ST. GALLEN
HERISAU
ALTSTÄTTEN
Heiden
Teufen
Uster
Dübendorf
Amriswil
Uzwil
Flawil
Gossau
Immenstaad
Langenargen
Kressbronn
Hilzingen
Rielasingen
-Worblingen
Allensbach
Reichenau
Gaienhofen
Öhningen
Kemmental
Thayngen
Gottmadingen
Elgg
Aadorf
Sirnach
Degersheim
Effretikon
Illnau-
Pfäffikon
30
46
104
92
Maßstab 1:250.000
4 km
1
2
3
4
5

Infos

Wer in Ruhe Zeitung lesen oder auf See und Schiffe schauen möchte, ist am Arboner Hafen richtig

St. Gallen ①

St. Gallen ist eine Hochburg der Leinen- und Baumwollweberei. Hier werden u. a. Stoffe für Armani und Versace, Westwood und Gucci produziert. Die Tradition des Textilherstellens reicht bis ins Mittelalter zurück, als St. Gallener Tuch eine hoch bezahlte Handelsware war. Seit dem 19. Jh. standen die feinen Stickereien und Spitzen in demselben guten Ruf. Viel Geld floss in die Stadt, entsprechend prachtvoll sind Privathäuser wie auch öffentliche Bauten. Weiter sitzt in der sehr lebendigen Stadt die Schweizer Elite-Hochschule für Wirtschafts-, Rechts- und Sozialwissenschaften.

Sehenswert: Die **Benediktinerabtei**, gegründet im 7. Jh., bestand bis zur Säkularisierung im Jahre 1805. Heute steht sie auf der Liste des UNESCO-Weltkulturerbes. Der riesige Platz vor dem Klostergebäude wird von der monumentalen **Stiftskirche** mit ihren Doppeltürmen dominiert. An ihrem Bau 1749–1766 beteiligten sich die Vorarlberger Baumeister Peter Thumb und Johann Michael Beer sowie Johann Caspar Bagnato. Ins Langhaus eingeschoben ist eine ausladende Rotunde, deren flache Kuppel acht Pfeiler tragen. Das Innere der Kathedrale ist sehr spannungsgeladen: Die strenge und kühle Architektur und Raumaufteilung kontrastieren mit dem üppig verzierten und vergoldeten Chorgitter, verschlungene, schneeweiße Säulen werden von grün-lodernden Rocaille-Stuckaturen verziert, darüber spannen sich die spätbarock-feurigen Deckengemälde von Joseph Wannenmacher. Die Stuckreliefs zeigen Szenen aus dem Leben des heiligen Gallus. Joseph Anton Feuchtmayer schuf die Beichtstühle im Langhaus sowie das herrliche Chorgestühl (tgl. 10.00–18.00 Uhr). Bausteine aus dem 8.–17. Jh. zeigt das **Lapidarium** (tgl. 14.00–16.00 Uhr).

TOP ZIEL Die **Stiftsbibliothek** gilt als der schönste Bibliotheksraum des Spätbarock und wurde zwischen 1758 und 1767 von verschiedenen Künstlern geschaffen, darunter Peter Thumb als Baumeister und Klosterbruder Gabriel Loser aus Wasserburg für alle Holzarbeiten (Apr.–Mitte Nov. Mo.–Sa. 10.00–17.00, So. 10.00–16.00, Dez.–März tgl. 10.00–12.00, 13.30–17.00 Uhr).

Museen: Im **Textilmuseum** werden wundervolle historische Stickereien aus dem 14. Jh. gezeigt, Spitzen und Stickereien aus der Schweiz, aber auch Stoffe, die in ägyptischen Gräbern gefunden wurden. Prachtvolle Gewänder bilden einen weiteren Höhepunkt in dieser sehr empfehlenswerten Sammlung (Mo.–Sa. 10.00–12.00, 14.00–17.00, So. 10.00–17.00 Uhr).

SPECIAL

Alles Käse!

In der Schaukäserei zu Stein kann man von einem Schaubalkon aus hinunter in die Tiefen der Käserei gucken und dem Herstellungsprozess des berühmten Appenzeller Käses beiwohnen: 16000 l Milch pro Tag werden hier verarbeitet. Man sieht, wie die Milch im 6000-l-›Käsekessi‹ auf 31°C erhitzt wird. Dann gibt der Käser Lab hinzu, damit sie gerinnt. Dieser gut gerührte ›Bruch‹ wird nun in große runde Formen gegossen und in der Presswanne gut 40 Min. gepresst. Weiß bekleidete Männer mit Mützchen und Gummistiefeln kümmern sich um jeden Laib, der abschließend in ein Salzbad versenkt wird. Damit der Appenzeller seine einzigartige Rinde erhält, behandeln ihn die Käser mit einem Kräutersulz, dessen Rezept natürlich streng geheim gehalten wird. Direkt vor Ort wird Appenzeller in allen Reifegraden verkauft – eine Chance, die man nutzen sollte. Der Käse mit dem schwarzen Etikett ist übrigens der edelste: sechs Monate gereift und nur aus den besten Laiben gewonnen (Mai–Okt. tgl. 9.00 bis 19.00, Nov.–Apr. nur bis 18.00, Käseherstellung tgl. bis 14.00 Uhr, Tel. 0041/71/3685070).

TIPP

St. Gallen einmal anders

Besonderes Vergnügen bereiten die Themenführungen durch St. Gallen, die von August bis Oktober immer dienstags um 14.00 Uhr stattfinden. Eine dreht sich allein um die Erker in der Altstadt. Eine andere erhellt die Lebensgeschichten der St. Gallener Ärztinnen und Hebammen, Hexen und Heiligen. Besonders spannend ist die Spezialführung durchs Textilmuseum. Treffpunkt bei der Touristeninformation am Bahnhofsplatz.

Drei Museen liegen dicht beieinander in der Museumsstraße: Von steinzeitlichen Funden bis zu den Schweizer Malern der Gegenwart spannt sich der Bogen im **Museum im Kirchhoferhaus**, das zudem eine schöne Silbersammlung besitzt (Di.–Fr. 7.30–11.30 Uhr, Anmeldung erforderlich, Tel. 0041/71/2447521). Mineralien, niederländische Maler sowie zeitgenössische Kunst sind die Schwerpunkte im **Natur- und Kunstmuseum** (Di.–Fr. 10.00–12.00,14.00–17.00, Mi. 14.00–20.00, Sa.,So. 10.00–17.00 Uhr). Herausragende Objekte im **Historischen Museum** sind die Altschweizer Glasmalereien (Di.–Sa. 10.00–12.00, 14.00–17.00, So. 10.00–17.00 Uhr).

Sammlung Hauser und Wirth zeigt hochkarätige zeitgenössische Kunst seit den 1980er-Jahren (Mai–Okt. Mi.–Sa. 11.00–18.00 Uhr).

Stadtführungen: Die Touristeninformation bietet im Sommer regelmäßig Stadtrundgänge an (Mo., Mi., Do., Fr. um 14.00 Uhr, Sa. um 11.00 Uhr).

Ausflüge: Die Talstation der **Säntis-Bahn** liegt auf der Schwägalp. Besonders aufregend: Die Vollmondfahrt auf den Säntis, warme Kleidung nicht vergessen! (Betriebszeiten 7.30–18.30 Uhr, Tel. 0041/71/3656666).

ⓘ St. Gallen-Tourist-Information,
Bahnhofsplatz 1 a, CH-9001 St. Gallen,
Tel. 0041/71/2273737, Fax 2273767,
www.st.gallen.ch

Arbon ②

Keimzelle von Arbon ist ein römisches Kastell, um 300 n.Chr. an der Stelle erbaut, wo heute das Schloss steht. Besondere Ehre wurde Arbon um 612 zuteil, als die missionierenden Mönche Gallus und Kolumban Station machten. Bis 1980 produzierte hier noch Fa. Saurer, der größte Automobil- und Motorenhersteller der Schweiz.

Ölberg in St. Ullrich und Afra zu Kreuzlingen

Sehenswert: Am höchsten Punkt von Arbon steht heute das **Schloss.** Sein wuchtiger Bergfried stammt aus dem 13. Jh., vermutlich wurde aber schon im 7. Jh. mit dem Bau einer Burg begonnen. Besonders schön im Inneren ist der gotische Landenberg-Saal, so herrlich, dass sich das Landesmuseum Zürich die geschnitzte Decke ausbauen ließ. Den Arbonern blieb eine Kopie. Auf einer römischen Badeanlage wurde die **Martinskirche** errichtet. Der heutige Bau ist der vierte an dieser Stelle und wurde 1786–1789 erbaut. Von den Vorgängerbauten hat sich nur der Chor (1490) erhalten. Eine gotische Marienfigur steht noch im linken Seitenaltar.

Gleich neben der Kirche steht das hübsche **Gallus-Kapellchen**. Eine besondere Geschichte umrankt den Feldstein, der neben der Türe liegt: Hier soll der hl. Gallus bei seinem Kampf mit dem Bären seinen Fußabdruck hinterlassen haben. Gegenüber der Kirche steht das **Rothe Haus** (1704), ein geradezu herrschaftlich wirkender Bau: Wie in St. Gallen verdiente man einst auch in Arbon viel Geld mit der Leinenweberei, wovon die prunkvollen Domizile der Leinwandherren zeugen. An mehreren Stellen der Stadt stößt man noch auf Reste der Stadtmauer, die den Ortskern einst einschloss. Deren westlichen Eckpunkt bildet das 1567 erbaute Haus ›Zur Freiheit‹, heute trägt es den Namen **Römerhof** und beherbergt ein Gourmet-Restaurant sowie ein Hotel mit ausgesprochen geschmackvoll restaurierten Zimmern.

Museen: Im Schloss rollt das **Historische Museum** die Geschichte Arbons auf, natürlich mit besonderem Gewicht auf den römischen Funden, von denen es dank umfangreicher Ausgrabungen eine Menge zu bestaunen gibt. Weiter erfährt man viel über Flachsherstellung und dessen Verarbeitung zu Leinwand (Mai–Sept. tgl. 14.00–17.00, Okt., Nov., März, Apr. So. 14.00–17.00 Uhr).

Am westlichen Ortsrand entlang der Grabenstraße stehen noch die Hallen von Fa. Saurer, in denen heute das **Saurer Oldtimer-Museum** untergebracht ist (Apr.–Okt. Mi. 18.00–20.00 Uhr sowie an jedem ersten Wochenende im Monat 14.00–17.00 Uhr).

Umgebung: Dominierendes Gebäude am Hafen von **Rorschach** (7 km östlich von Arbon) ist das Kornhaus. Von 1749 an diente es als Lagerstätte für Getreide, heute ist es Heimatmuseum, das u.a. noch die seit 1933/1934 beinahe unveränderte Ausstellung zu den Pfahlbauten zeigt und insofern einen interessanten Beitrag zum Forschungsstand der Archäologie der 1930er-Jahre bewahrt hat (Besuch nur auf Voranmeldung, Tel. 0041/71/8417034). Um eine andere Art der Vergangenheit geht es in der Alten Garage. Hier stehen, blank poliert, 50 Oldtimer, 30 Motorräder und dazu eine Kollektion von Musik- und Spielautomaten (Apr.–Juni, Sept., Okt. Mi., Sa. 13.30–17.30, So. 10.00–17.30, Juli/Aug. tgl. 10.00–18.00 Uhr).

Das Biedermeier-Dorf **Heiden** erfreut sich einer sonnigen Lage hoch überm Bodensee und eines Marktplatzes in rein klassizistischem Stil. Wer kuren will, kann sich hier bei Schrot- und Molkekuren erholen. Heiden besitzt außerdem ein Museum zu Ehren des Gründers des Roten Kreuzes, das Henri-Dunant-Museum (Apr.–Okt. Di.–Sa. 14.00 bis 17.00, So. 10.00–12.00, 14.00–17.00 Uhr, Nov.–März Mi., Sa. 14.00–17.00 Uhr, So. 10.00–12.00, 14.00–17.00 Uhr).

Romanshorn (15 km westlich von Arbon) besitzt den größten Hafen am Bodensee, bietet aber für Landratten wenig Sehenswertes. Der Seepark ist sehr schön, auch dem Kirchlein St. Maria, Petrus und Gallus kann man einen Besuch abstatten, denn die Fresken stammen aus dem 14. Jh.

ⓘ Verkehrsverein Arbon, Schiedgasse 6, CH-9320 Arbon, Tel. 0041/71/4401380, Fax 4401381, www. arbon.ch

Kreuzlingen ③

Bis auf die Zollstelle gehen Konstanz und Kreuzlingen nahtlos ineinander über. Kreuzlingen besitzt keinen historischen Kern, entstand die Grenzstadt doch erst im vergangenen Jahrhundert durch Zusammenschluss mehrerer Gemeinden.

Sehenswert: Die 1963 abgebrannte **Klosterkirche St. Ulrich und Afra** wurde im Barockstil wiederaufgebaut. Außergewöhnlich sind vor allem der Ölberg und das herrliche Chorgitter. Ideal zum Flanieren: Die größte **Promenade** am ganzen Bodensee ist dank der prächtigen Platanen, Pappeln und Eichen auch die schönste.

Museen: Fischkunde und Geschichte der Fischerei und Schifffahrt auf dem Bodensee erklärt das **Seemuseum** (Apr.–Juni Mi., Sa., So. 14.00–17.00, Juli, Aug. Di.–So. 14.00 bis 17.00, Nov.–März So. 14.00–17.00 Uhr). Nicht nur für Kinder: das **Puppenmuseum/Zeppelinmuseum** im ehemaligen Pächterhaus des Schlosses Ginsberg (März–6. Jan. Mi., So. 14.00–17.00 Uhr).

Freizeit: Einen Blick in den Kosmos erlaubt bei klarem Himmel die **Sternwarte**; ist der Himmel bewölkt, dann geht's ins Planetarium. (Braitenrainstr. 21, Mi. 19.00–22.00 Uhr).

Umgebung: Das Juwel am Schweizer Ufer ist **Schloss Arenenberg bei Ermatingen** (8 km westlich von Kreuzlingen), wo Napoleon III. als Kind lange Zeit lebte (Mo. 14.00–18.00, Di.–So. 10.00–18.00 Uhr). Alle drei Jahre

TIPP

Einzigartige Sandkunst

Sandburgen bauen soll ja angeblich auf tief im Manne verwurzeltes Imponiergehabe zurückzuführen sein und die Frage, wer die größte Sandburg hat von allen, von geradezu existenzieller Bedeutung. Wer wissen will, was die echten Meister dieser Disziplin drauf haben, ist beim Sandskulpturen-Festival richtig, das jedes Jahr im August in Rorschach stattfindet.

Infos

›Blauburgunderland‹ nennen die Schweizer ihre Weinregion am Bodensee, hier bei Stein am Rhein

feiert man in Ermatingen drei Wochen vor Ostern die Groppenfasnet mit farbenfrohem Umzug (2007 ist es wieder soweit).

Die Drachenburg in **Gottlieben** (4 km westlich von Kreuzlingen) zählt zu den schönsten Fachwerkhäusern am Bodensee. Eindrücklich sind vor allem die haubengekrönten Erker. Heute kann man hier teuer wohnen und speisen.

TIPP

Bücher von Hand gebunden

Im Bodman-Haus zu Gottlieben werden nicht nur interessante Lesungen von Nachwuchsautoren veranstaltet. Hier arbeitet auch noch eine Handbuchbinderei, die feinste Bucheinbände herstellt, z.B. aus Rochenhaut. Wer möchte, kann traumhafte Photoalben erstehen, genau richtig, um die Ausbeute vom Bodensee einzusortieren. Oder auch Schutzhüllen für die Lieblingsbücher (Dorfplatz 1, Tel. 0041/71/6692847, Mo–Fr. 8.00–12.00, 14.00–17.00 Uhr).

Steckborn (16 km westlich von Kreuzlingen) ist zumindest vom See aus nicht zu verfehlen, so markant ragt der Turmhof mit seinen vier spitzen Türmchen (um 1320) am Ufer empor. Im hier untergebrachten Heimatmuseum sind u. a. die berühmten Steckborner Fayenceöfen ausgestellt (Mai–Sept. Mi., Do., Sa., So. 15.00 bis 17.00 Uhr).

Hier noch ein besonderer Tipp für Kinder: Im Familienpark Connyland in Lipperswil rund 11 km südwestlich von Kreuzlingen zeigen muntere Delfine ihre Kunststückchen, und im Dino-Park, Space-Zentrum, auf dem Wikingerschiff und der Dampfeisenbahn sowie der Wasserrutsche geht die Zeit im Nu vorbei (März–Okt. tgl. 9.00–18.00 Uhr, www.connyland.ch).

ⓘ Verkehrsbüro, Hauptstr. 39, Ch-8280 Kreuzlingen, Tel. 0041/71/6723840, Fax 6721736, www.kreuzlingen.ch

TIPP

Fürstliches Vergnügen

Arenenberg gilt vielen als schönstes Schloss am Bodensee. Besonders zauberhaft erlebt man es bei den Sommernachtsinszenierungen von ›Son et lumière‹. Hier wird, musikalisch untermalt, in der Abenddämmerung die wechselhafte Geschichte Arenenbergs und des Hauses Bonaparte an die Schlossmauern projiziert (Juli Fr. 22.00, Aug. Fr. 21.30 Uhr).

Stein am Rhein ④

TOP ZIEL Eine wahre Augenweide sind die Fassadenmalereien rund um den spätmittelalterlichen Stadtkern. Nicht alle sind mittelalterlich, vielmehr haben die Steiner bis ins 20. Jh. hinein mit viel Liebe zum Detail (und für Dramatik) ihre Fassaden verziert.

Sehenswert: Rund um den **Rathausplatz** gruppieren sich die eindrucksvollsten Häuser, das Rathaus wurde 1542 erbaut und im 18. Jh. ausgebaut. Gegenüber steht der Weiße Adler, mit der ältesten (1520/1530) und wertvollsten Fassadenmalerei, unter anderem mit Szenen aus Boccaccios ›Decamerone‹. Die Touristeninformation hält einen Plan bereit, der zu den schönsten Gebäuden führt. Das **Benediktinerkloster St. Georgen** (ältester Teil ist die um 1060 errichtete Basilika) zählt zu den besterhaltenen Klosteranlagen der Schweiz. Einzigartig sind die 1515/1516 geschaffenen Wandmalereien (Apr.–Okt. Di.–So. 10.00–17.00 Uhr). In rund 40 Min. erreicht man zu Fuß **Burg Hohenklingen** (1267 erstmals erwähnt). Die Aussicht ist von dort oben ist herrlich und eine Stärkung gibt es im Burgrestaurant.

Museum: Perserteppich, geblümte Tapete und selbstverständlich Dienstboten: die ansprechende Schau im **Museum Lindwurm** zeigt, wie die bürgerliche Oberschicht im 19. Jh. wohnte und lebte (März–Okt. Mo., Mi.–So. 10.00–17.00 Uhr).

Umgebung: Im ruhigen Hinterland verborgen, 15 km südlich von Stein am Rhein, liegt bei Warth die **Kartause Ittlingen.** Manche sagen, hier blühe der schönste Rosengarten der Schweiz.

ⓘ Touristeninformation, Oberstadt 3, CH-8260 Stein am Rhein, Tel. 0041/52/7422090, Fax 7422091, www.steinamrhein.ch

Schaffhausen ⑤

Der Rheinfall ist ein Grund, hierher zu reisen, Schaffhausens mittelalterliche Altstadt ein weiterer. Weil die Schifffahrt auf dem Rhein einst durch viele Stromschnellen unmöglich wurde, entstand in Schaffhausen ein wichtiger Verlade- und Stapelplatz.

Sehenswert: Über der Stadt erhebt sich eindrucksvoll **Kastell Munot** (1564–1589). Vom Rundturm aus bietet sich eine herrliche Aussicht. **Kloster Allerheiligen,** 1050 gegründetes ehemaliges Benediktinerkloster, besitzt den größten Kreuzgang der ganzen Schweiz. Das romanische **Münster,** dem zwei Vorgängerbauten vorangingen, wurde 1106 vollendet und lehnt sich an den strengen Hirsauer Baustil an.

Museum: Das **Museum zu Allerheiligen** zeigt eine natur- und kunstgeschichtliche Sammlung (Di.–So. 11.00–17.00 Uhr). Zu den besten Museen für moderne Kunst am Bodensee gehören die **Hallen für neue Kunst.** Auf 5000 m² werden in einer alten Textilfabrik Werke von Bruce Naumann, Joseph Beuys, Donald Judd und anderen namhaften zeitgenössischen Künstlern gezeigt (Di.–Sa. 15.00–17.00 Uhr, So. 11.00–17.00 Uhr).

Kulinarisches: Rund um Schaffhausen erstreckt sich das ›Blauburgunderland‹, wie hier der Pinot noir genannt wird. Jeden Samstag von 11.00 bis 16.00 Uhr verkostet im Haus der Wirtschaft ein anderes Weingut seine edlen Blauburgunder-Tröpfchen.

Ausflüge: Touren mit dem Schiff zum **Rheinfall** starten alle 10 Min. von Schlössli Wörth und Schloss Laufen, Dauer ca. 10–40 Min. (weitere Infos unter Tel. 0041/52/6724811). Wer den Rheinfall lieber aus der Luft erleben möchte, kann einen Gleitschirmflug mit Tandempilot buchen (www.rhyfallar.ch, Tel. 0041/52/6594470).

Umgebung: Nur wenige Kilometer rheinabwärts liegt die **Klosterkirche Rheinau** (1710 eingeweiht), bei der besonders die reich geschmückten Seitenaltäre auffallen.

ⓘ Schaffhausen Tourismus, Herrenacker 15, CH-8200 Schaffhausen, Tel. 0041/52/6255141, Fax 6255143, www.schaffhausen-tourismus.ch

PFARREI
ST. MARTIN
WEINGARTEN

Im Himmelreich des Barock

Im Norden grenzt die Bodenseeregion an Oberschwaben. Mehrere Badeorte zapfen die Thermalquellen im Untergrund an oder nutzen die heilsame Kraft des Moores. Denn Moore und Riedflächen gibt es in dieser von der Eiszeit überformten Landschaft gleich mehrere. Oberschwaben ist außerdem bekannt für seine prachtvollen Barockbauten. Neben den großen Kirchen, Schlössern und Klöstern überrascht hier auch so manches Dorfkirchlein mit einer verschwenderischen Fülle aus Farben und Formen, Fresken und Stuck.

Buntes Treiben mit tief religiösem Hintergrund: Der Blutritt zu Weingarten ist die größte Reiterprozession Europas.

▲ Erholsame Tage verspricht Kurort Bad Waldsee

▲ Barocke St. Ulrich- und Magnuskirche Bodnegg bei Tettnan

▲ Liebliches Deggenhauser Tal

▼ So prächtig residierten die Grafen von Montfort in Tettnang

▼ Rund um Tettnang wächst Hopfen bis zu sechs Meter hoch

Zwischen Bodensee und Donau entrollt sich ein sanft gewelltes Land, aus dessen grünen Wiesen die Zwiebeltürme kleiner Kirchen emporragen, wo Kühe weiden, Blumen blühen und dem Reisenden schon beim Durchfahren immer wieder das Herz aufgeht. Große Felder weichen Grünland, das mit Wald durchsetzt ist. So trägt der östliche Teil von Oberschwaben schon deutlich die Züge des Allgäus. Die Bevölkerung ist hier überwiegend katholisch, das zeigt sich an den Prozessionen wie auch an dem ausgelassenen, bunten Fasnetstreiben.

Himmlisches Oberschwaben

Nach dem Dreißigjährigen Krieg, der in Süddeutschland so schreckliche Wunden riss, kam es zwischen ca. 1650 und 1750 zu einer einzigartigen Blütezeit in der süddeutschen Baukunst, die als Oberschwäbischer Barock in die Kunstgeschichte eingegangen ist. Einen wichtigen Impuls hierfür gab die Gegenreformation, also die Rückwendung zum Katholizismus, die bis in die Baukunst ausstrahlte: hier nüchterne protestantische Gotteshäuser, dort schwülstigbunte barocke Pracht. Das Beispiel französischer Herrscher vom Schlage eines Ludwig XIV., der in Versailles eine nie dagewesene Pracht entfaltete, weckte auch in Süddeutschland Sehnsüchte: Adel und Geistlichkeit scheuten nun weder Kosten noch Mühen, um Macht und Pracht zu demonstrieren. Man denke nur an die Schlösser zu Tettnang, Wolfegg oder Bad Wurzach, die Kirchen zu Weingarten und Bad Waldsee. Das Geld hierfür kam auch aus den Börsen der kleinen Leute, der Bauern, die bis aufs Blut auszubeuten sich die absolutistischen Herrscher nicht scheuten. Wenn man heute die überwältigende plastische und malerische Ausstattungen der Barockbauten bewundert, sollte man nicht vergessen, wer dies mitbezahlt hat.

Tettnang und der Hopfenanbau

Wo es dem Wein schon ein bißchen zu kalt ist, das Klima aber immer noch warm, dort wächst der Hopfen. Rund um Tettnang ragen die acht Meter hohen Drahtgestelle der Hopfengärten in die Höhe. Hopfen gibt dem Bier das gewisse Aroma und macht es haltbar. Deutschland ist der welt-

▲ Pause in Ravensburg

▲ Die Gablerorgel zu Weingarten klingt unvergesslich

▼ 3000 Reiter kommen zum Blutritt

▲ Vom Ravensburger Bläserturm herab hat man das Markttreiben gut im Blick

größte Erzeuger von Hopfen, hier wachsen 25 % der Weltproduktion. Nach Bayern ist Tettnang in Deutschland die Nummer zwei unter den Hopfenbauern. Hier wird Aromahopfen angebaut, eine der edelsten Sorten. Fast die gesamte Hopfenernte nimmt die Brauindustrie ab, der Rest dient pharmazeutischen Zwecken. Schon im 12. Jh. begannen die Tettnanger, die Reben zu züchten, im großen Stil allerdings erst seit 1845. Seit 1877 wurden die Stangen von den noch heute gebräuchlichen Drahtgerüsten abgelöst.

SPECIAL

Blutritt zu Weingarten

Jedes Jahr am Freitag nach Christi Himmelfahrt findet in Weingarten die größte Reiterprozession Europas statt. Der ›Blutreiter‹, ein Mönch auf einem Schimmel, trägt die Heilig-Blut-Reliquie, ihm folgen über 3000 Reiter (stets Männer) mit Frack und Zylinder auf festlich geschmückten Pferden, begleitet von Musikkapellen und rund 25000 Gläubigen wie Schaulustigen. Betend ziehen sie von 7 Uhr morgens an durch die Stadt und über die Fluren. Der Legende nach brachte der römische Soldat Longinus Erde von Golgatha, das sich bei der Kreuzigung mit dem Blut Christi gemischt hatte, nach Mantua. Ein Teil davon erreichte auf verschlungenen Wegen im Jahre 1094 Weingarten. Seither ruht das Heilig-Blut gut geschützt in der Basilika. Ist die Reliquie echt? Das wollen angeblich viele Deutsche vom Priester wissen. Amerikaner interessiert mehr, was ist sie wert? Dem Strenggläubigen stellen sich solche Fragen freilich nicht. Und wer am Blutfreitag nach Weingarten geht, wird, ob fromm oder nicht, ein Spektakel von biblischen Ausmaßen erleben.

Orgel der Geheimnisse

Im Klosterbezirk von Weingarten steht Deutschlands größte Barockbasilika, gerne auch als ›Deutsche Peterskirche‹ bezeichnet. Gläubige pilgern wegen der Heilig-Blut-Reliquie hierher. Kunstgenießer berauschen sich an der Kirchen-Ausstattung. Musikfreunde jedoch kommen der Gabler-Orgel wegen, der berühmtesten Barockorgel in Süddeutschland. Johann Gabler hat sie von 1737 bis 1750 gebaut – und ist dar-

▲ Das Wurzacher Ried, einst eine Torfgrube, steht heute unter Naturschutz

▲ Barocke Kuppel des Bad Wurzacher Schlosses

▲ Schlosskirche Wolfegg

▼ Auf Entdeckungstour durchs moorige Wurzacher Ried

▲ Die Heiligkreuzkapelle Amtzell blickt schon ins Allgäu

▼ Schloss Bad Wurzach

an menschlich wie finanziell fast zerbrochen: Ein Brand im Kloster entzog ihm die Arbeiter der Klosterschreinerei, die Gabler zur Hand gehen sollten, auf Jahre. Weil er deshalb seine Termine nicht einhalten konnte, beschnitt man ihm das Salär. Doch die Orgel wurde fertig, wenn auch mit kleinen Abstrichen: 6666 Pfeifen sollte sie eigentlich enthalten, entsprechend der Anzahl der Peitschenhiebe bei der Geißelung Jesu. Heute können die Organisten auf 6890 Pfeifen zugreifen. Geheimnisvolle Geschichten ranken sich um eines der 66 Register: Gabler, so die Legende, habe seine Seele dem Teufel verschrieben, der ihm dafür eine ›Vox humana‹ übergab, ein Register, das wie die menschliche Stimme klang. In die Orgel eingebaut, tönte sodann die Vox humana so herrlich, dass sie die Mönche zu weltlichen Genüssen verführte. Gabler beichtete dem Abt seine Sünde, schuf einen meisterhaften Ersatz für die Pfeifen des Teufels und bekam das Leben geschenkt. Heute wird Gablers Meisterwerk hoch gepriesen. Nirgendwo sonst vereinigen sich Raum, Architektur und Instrument so vollendet. Der Klang, so sagen Kenner, sei zart, sanft, fast kammermusikartig. Der Besuch eines Orgelkonzertes in der Basilika lohnt also!

Das Schwarze Gold

Schon immer war das Moor eine Landschaft von düsterer Bedeutung. Gleichzeitig ist seit alters bekannt, dass Moorerde auch heilend wirkt. Aus den Torfen des Wurzacher Riedes schöpft Bad Wurzach sein Schwarzes Gold: Als Packung oder Moorbad wirkt es günstig auf allerlei chronische Krankheiten, darunter Hautkrankheiten und Bandscheibenleiden. Doch das Wurzacher Ried ist auch ein Naturschutzgebiet von Weltrang. Torfmoore entstanden in der Eiszeit und haben Jahrtausende gebraucht, um zur jetzigen Größe zu wachsen. Daher darf heute nur noch an ganz wenigen Stellen Torf abgebaut werden. In den Moorküchen der Wurzacher Sanatorien wird es zerkleinert und aufbereitet. Über eigene Leitungen gelangt es 43°C warm direkt in die Therapiewannen. Dort liegt man dann, lässt die wohlige Wärme auf Körper, Seele und Geist wirken, entspannt und erholt sich wunderbar.

Maßstab 1:200.000
3 km
46
30
62
92
BAD SAULGAU
BAD SCHUSSENRIED
Ingoldingen
Hochdorf
Eberhardzell
Bellamont
Rot an der Rot
Krauchenwies
Ostrach
PFULLENDORF
AULENDORF
Altshausen
BAD WALDSEE
BAD WURZACH
Wolpertswende
Wilhelmsdorf
Illmensee
Heiligenberg
Frickingen
Salem
Deggenhausertal
RAVENSBURG
WEINGARTEN
Baindt
Baienfurt
Bergatreute
Wolfegg
Kißlegg
LEUTKIRCH im Allgäu
Schlier
Vogt
Waldburg
Grünkraut
Bermatingen
MARKDORF
Oberteuringen
MEERSBURG
Hagnau am Bodensee
Immenstaad am Bodensee
Meckenbeuren
TETTNANG
Bodnegg
Amtzell
WANGEN im Allgäu
Argenbühl
ISNY im Allgäu
Neukirch
Oberschwäbische Barockstraße
Deutsche Alleenstraße
Schwäbische Dichterstraße
Hohenzollernstraße

Infos

Freundliche Landschaften prägen Oberschwaben, hier bei Heiligenberg

Tettnang ①

Schwer übernommen hatten sich die Grafen von Montfort (Aussprache übrigens wie geschrieben und nicht französisch). Im 17. und 18. Jh. ließen sie vier Schlösser bauen und luxuriös ausstatten und unterstützten zahlreiche Kirchen, Kapellen und Klöster. Das Ende vom Lied: Sie mussten ihre Herrschaft in Langenargen und Tettnang an Österreich verpfänden. In Tettnang strahlte ihr Stern besonders hell, hier regierten sie vom 13. bis ins 18. Jh. und bauten u. a. das Neue Schloss. Tettnang ist eine Hochburg des Hopfenanbaus: Jährlich werden bis zu 50000 Zentner geerntet.

Sehenswert: Eyecatcher der Stadt ist das knallgelb leuchtende, übermächtig groß wirkende **Neue Schloss** (1712–1720). Die spektakuläre Innenausstattung der Vierflügelanlage, die Künstler von europäischem Rang geschaffen hatten, fiel einem Brand zum Opfer, und beim zweiten Anlauf beschieden sich die Grafen mit heimischen Malern. Andreas Brugger sind z.B. die sehr lebendigen Jagdszenen zu verdanken (nur zugänglich im Rahmen einer Führung: Apr.–Okt. tgl. 14.30 und 16.00, Juli und Aug. zusätzlich Mi. und Fr. 10.30 Uhr). Um 1655 ließen sich die Grafen von Montfort das **Alte Schloss** erbauen. Heute beherbergt der von einem Staffelgiebel gekrönte Bau, den man leicht an den schwarz-weißen Fensterläden erkennt, das Rathaus.

Museen: Aufstieg und Fall der baufreudigen Grafen von Montfort beleuchtete das **Montfort-Museum** (Di.–Fr. 16.00–19.00, Sa. 10.00–19.00, So. 15.00–19.00 Uhr). Seit 2002 wird ein **Elektronikmuseum** aufgebaut. Die ersten beiden fertig gestellten Abteilungen geben Einblick in die Rundfunktechnik (Apr.–Okt. Di.–Fr. 16.00–19.00, Sa. 10.00–19.00, So. 15.00–19.00 Uhr). Das erste **Hopfenmuseum** Deutschlands informiert rund um das Grüne Gold. Interessant ist auch, wie sich die Hopfenernte im Laufe der Mechanisierung der Landwirtschaft verändert hat. Am Museum beginnt auch der sehr interessante und landschaftlich reizvolle Hopfenlehrpfad (Ortsteil Siggenweiler, Mai–20. Okt. Di.–So. 10.30–18.00 Uhr).

Werksführungen: In die Geheimnisse der Braukunst kann man sich in der Kronenbrauerei einweihen lassen – natürlich mit anschließender Verkostung verschiedener Biere (Mai–Sept. Sa. 17.00 Uhr nach Voranmeldung unter Tel. 07542/7452).

Umgebung: 6 km nördlich von Tettnang lockt in **Meckenbeuren** das Ravensburger Spieleland vor allem Familien mit Kindern an. Baggern, Wasserrutsche fahren, Käpt'n Blaubär besuchen, Papa nasssspritzen, hier ist alles möglich (Apr.–Okt. tgl. 10.00–17.00, Juni–Aug. bis 18.00 Uhr).

ⓘ Tourist-Information Büro TIB, Montfortstr. 1/1, 88069 Tettnang, Tel. 07542/933333, Fax 939196, www.tettnang.de

Ravensburg ②

1088 gründeten die auf der ›Ravenspurc‹ sitzenden Welfen den Ort. Noch heute wirkt Ravensburg seiner Türme wegen von weitem wie eine mittelalterliche Stadt. Der wirtschaftliche Aufschwung ca. 1380–1530 ist der ›Großen Ravensburger Handelsgesellschaft‹ zu verdanken, das seinerzeit größte deutsche Handelsunternehmen. Im 20. Jh. machten die Ravensburger Kinderspiele die Stadt weltbekannt.

Sehenswert: Zentrum der mittelalterlichen Altstadt ist der **Marienplatz**. Oberhalb schließt die Oberstadt an mit ihren prestigeträchtigen Häusern, die sich reiche Kaufleute bauen ließen. Direkt am Marienplatz steht das spätgotische **Rathaus** (um 1430). Das **Waaghaus** (1498) zählt wie das Konzil in Konstanz zu den eindrucksvollsten Kaufhausbauten aus dem Mittelalter. Von der ehemaligen Stadtbefestigung sind noch 14 Tore und Türme erhalten. Auffallendster Turm ist der **Blaserturm** (1556), ein Wachtturm mit viereckiger Aussichtsplattform. Weiß leuchtet über alle Dächer hinweg der **Mehlsack** (13. Jh.), ein 51 m hoher Turm und Wahrzeichen der Stadt. Von hier aus kann man die **Veitsburg** erklimmen, die ehemalige Burg der Welfen. Nach Berlin entliehen ist die berühmte Ravensburger **Schutzmantelmadonna**. Heute steht in der Liebfrauenkirche (um 1350) dafür eine Kopie des Meisterwerkes von Michel Erhart (ca. 1444–1525). Sehenswert sind in der **Liebfrauenkirche** (erbaut 1360–1380) auch die herrlichen Chorfenster. Im Ortsteil Weißenau südlich von Ravensburg steht das berühmte **Prämonstratenserkloster Weißenau**. 1145 gestiftet und von Friedrich Barbarossa gefördert, stieg es zu einem der mächtigsten Klöster Oberschwabens auf. Heute ist hier ein Krankenhaus untergebracht. In der 1717–1724 erbauten Kirche wird wie in Weingarten eine Heilig-Blut-Reliquie aufbewahrt. Regelmäßig finden Orgelkonzerte statt, denn auch Weißenau besitzt eine berühmte Orgel, geschaffen 1787 von Johann Nepomuk Holzhay.

Museen: Wechselnde Ausstellungen zeitgenössischer Kunst zeigt die überregional bekannte **Städtische Galerie** (tgl. außer Mo. 10.00–18.00 Uhr).Wie wurde Fang-den-Hut erfunden? Und was wird heute in Ravensburg und sonst auf der Welt gespielt? Einen tiefen Einblick in die Geschichte der **Ravensburger Spiele** gibt das **Verlagsmuseum** in der Altstadt (Apr.–Sept. Do. 14.00–18.00. Mai bis 11. Sept. Di.–Fr. 14.00–18.00, Sa., So. 11.00–14.00 Uhr).

Feste: Mit einem großen historischen Umzug wird das **Rutenfest** gefeiert, immer am letzten Wochenende vor Beginn der Sommerferien in Baden-Württemberg.

ⓘ Tourist-Information, Kirchstr. 16, 88212 Ravensburg, Tel. 0751/82324, Fax 82466, www.ravensburg.de

TIPP

Ritterburg bei Mondschein

Ca. 11 km östlich von Ravensburg liegt die Waldburg, auf der einst die mächtigen Fürsten von Waldburg zu Wolfegg und Waldsee saßen. Traurige Berühmtheit erlangte Georg III. von Waldburg, Bauernjörg genannt wegen seines harten Durchgreifens im Bauernkrieg 1525. Heute genießt man von der hoch gelegenen Feste einen herrlichen Rundblick, kann durch Burgmuseum und Rittersaal schlendern oder im Mondlicht längst vergangenen Zeiten nachsinnen (Apr.–Okt. Di.–So. 10.00–17.00, bei Mondscheinöffnungen 20.00–23.00 Uhr).

TIPP

Orgel aus der Konserve

Ein Orgelkonzert in der Basilika zu Weingarten verpasst? Nicht ganz so schlimm: Im Klosterladen kann man Konzertaufnahmen, eingespielt von bekannten Organisten auf der berühmten Gabler-Orgel kaufen. Natürlich gibt es auch Devotionalien religiöser Art: Kerzen, Räucherwerk, Klosterwein, Honig und christliche Erbauungsliteratur, Kreuze und Souvenirs (Mo.–Fr. 9.00–18.00, Sa. bis 12.30 Uhr).

Weingarten 3

Hoch über der Stadt thront das Klosters, ihm zu Füßen pulst das ganz normale Leben in Weingartens Fußgängerzone. Bis 1865 hieß die Stadt noch Altdorf, erst dann ging der Name des Klosters auch auf die Stadt über.

Sehenswert: Hauptattraktion ist natürlich die **Basilika** St. Martin und Oswald des 1056 von den Welfen gegründeten **Benediktiner-Klosters**. Diese größte deutsche Barockkirche wurde in nur neun Jahren (1715–1724) erbaut. Außergewöhnlich ist die Westfassade mit zwei Türmen und dem hervorgewölbten Mittelteil. Den kreuzförmigen Zentralbau krönt eine gigantische Kuppel, schneeweiße Pfeiler lassen den Innenraum sehr hell wirken. Die hochwertigen Stuckarbeiten schuf der Wessobrunner Franz Xaver Schmuzer, Cosmas Damian Asam die höchst beeindruckenden Deckengemälde. Von ungewöhnlicher Schönheit ist das Chorgestühl von Joseph Anton Feuchtmayer und Johann Peter Heel. Joseph Gabler schuf die berühmte Orgel, deren größte Pfeife 9,62 m hoch ist, die kleinste aus Elfenbein misst 4,5 cm. Am Choreingang ruht auf rotem Samt im Altar die Heilig-Blut-Reliquie.

Museen: Wer wissen möchte, wie Archäologen arbeiten, sollte ins **Alamannenmuseum** gehen. Dort wird eine Grabung nachgestellt, außerdem zeigt das Spezialmuseum eine Fülle der Funde, die in 801 Gräbern der Alamannenzeit nahe Weingarten geborgen werden konnten (Di.–So. 15.00–17.00, Do. bis 18.00 Uhr). Im **Schlössle** wird die Geschichte der Welfen und des Klosters aufgerollt, über die Heilig-Blut-Reliquie und den Blutfreitag informiert (Di.–So. 14.00–17.00, Do. bis 18.00 Uhr).

Feste: Berühmtestes Fest ist der **Blutritt** am Freitag nach Christi Himmelfahrt. Die schwäbisch-alemannische **Fasnet** tobt in Weingarten wohl schon seit 1348 Jahr für Jahr.

ⓘ Amt für Tourismus, Münsterplatz 1, 88250 Weingarten, Tel. 0751/405125, Fax 405268, www.weingarten-online.de

Bad Waldsee 4

926 wird ›Walahse‹ das erste Mal schriftlich erwähnt, ein Name, der sich vom keltischen Stamm der Walchen ableitet. Im Mittelalter handelten die Waldseer mit Korn und Leinen. Der gut erhaltene mittelalterliche Stadtkern liegt malerisch zwischen zwei Seen. 1956 erhielt die Stadt das Prädikat Moorheilbad, 1974 wurde sie Kneippkurort und 1994 eröffnete eine neue Kurtherme.

In Waldburg

Sehenswert: Wahrzeichen der Stadt sind die 1765–1768 erbauten Doppeltürme von **St. Peter**, einst Stiftskirche des 1788 aufgelösten Augustinerchorherrenstiftes. Die Kirche selbst wurde 1479 erbaut und im 18. Jh. barockisiert. Einzigartig ist der ›**Eiserne Mann**‹ am Ende des linken Seitenschiffes, eine opulent verzierte Bronzegrabplatte, die vermutlich für Georg I., Truchsess von Waldburg (gest. 1467) geschaffen wurde. An der Stelle des heutigen Barockschlosses (1745) stand einst außerhalb der Stadtmauern eine Wasserburg (um 1550) der Fürsten von Waldburg-Wolfegg. Der **Schloss-See** ist rund 6 ha groß und ein

SPECIAL

Auf dem Jakobsweg

Martin Luther spottete, man wisse nicht, ob wirklich der Heilige Jakob (gest. 444) oder ein toter Hund in Santiago de Compostela begraben sei und riet von den Wallfahrten in den nordspanischen Ort ab. Sein Ruf verhallte ungehört, der Strom der Pilger versiegte nie, und seit ca. 15 Jahren steigt die Zahl sogar exorbitant an. Viele Wege führen zum Grab des Heiligen, auch durch Oberschwaben zieht sich ein Jakobsweg. 1996 wurde dieser zwischen Bad Waldsee und Konstanz im Rahmen eines Projektes neu ausgewiesen, wobei sich die Streckenführung an Jakobskirchen und -altären, dem Nachweis von Jakobsbruderschaften, Pilgerherbergen und dem Verlauf alter Handelsrouten orientiert. Von Weingarten aus, wo Pilger Obdach fanden und dessen westliches Deckenfresko zwei Jakobspilger zeigt, sind es noch 2000 Kilometer nach Santiago de Compostela. Rund 100 Tage benötigt man von hier aus für den ›Camino‹. Heute machen sich nicht alle aus religiösen Motiven auf den Weg, auch Lebenskrisen, Suche nach Sinn, Auszeit vom Alltag sind Gründe für diese Wanderung. Wolfgang Schneller von der Jakobusgesellschaft rät, sich allein auf den Weg zu machen, um den Camino richtig zu erfahren. Das gelte auch für Frauen (Infos zum Camino gibt die Jakobusgesellschaft, Oberdischingen, Tel. 07305/919575. Hier können Pilger auch übernachten).

Freizeitspaß für alle Kinder verspricht das Ravensburger Spieleland bei Meckenbeuren

Spital zum Heiligen Geist in Bad Waldsee

wahres Kleinod. 1426 wurde das prächtige **Rathaus** erbaut, dessen Größe für ein seinerzeit 500-Seelen-Dorf doch recht erstaunlich ist. Historiker sind der Ansicht, die Waldseer wollten damit ihre Unabhängigkeit von Stift und Schloss unterstreichen. Von der Stadtbefestigung steht nur noch das **Wurzacher Tor** (15. Jh.).

Museen: Im 500 Jahre alten **Kornhaus** gibt das **Städtische Museum** Auskunft über die Geschichte von Stadt und Region. Weiter werden Skulpturen der Waldseer Bildhauerfamilie Zürn und anderer Bildschnitzer gezeigt. In der beeindruckenden Säulenhalle finden Wechselausstellungen statt (Mitte März bis 1. Nov. Do.–So. 14.30–17.00, Sa., So. zusätzlich 9.30–12.00 Uhr). Das **Fasnets- und Ölmühlenmuseum** veranschaulicht, wie man einst Lein-, Mohn- und Rapsöl verarbeitete und zeigt Masken der Waldseer Fasnet (Mi. 14.30 Uhr vierzehntägig und nach Vereinbarung, Tel. 0 75 24/94 13 42). Ein See verlockt auch dazu, sich unnötigen Ballastes zu entledigen. Was alles an Tauchfunden aus dem Stadtsee geborgen werden konnte, stellt das **Stadtsee-Museum** im Stadtarchiv aus. Das Sammelsurium reicht von Prunkgläsern über Waffen bis zu Schröpfköpfen. Auch ein Nachttopf wurde offenbar im See entsorgt (Do. 10.00–13.00 Uhr und nach Vereinbarung, Tel. 07524/49942).

Umgebung: Ca. 40 km westlich von Bad Waldsee liegt bei Wilhelmsdorf das **Pfrunger-Burgweiler Ried**, ein 2600 ha großes Naturschutzgebiet mit über 1600 Tier- und Pflanzenarten (Führungen So./Fei. 13.30 bis 17.00 Uhr, Tel. 07503/739).

ⓘ Kurverwaltung, Ravensburger Str. 1, 88339 Bad Waldsee, Tel. 07524/941342, Fax 941345, www.bad-waldsee.de

Bad Wurzach ⑤

1273 wird der Ort als ›Oppidum Wurzun‹ erstmals erwähnt. 1525 errang der in Bad Waldsee geborene Georg Truchsess von Waldburg hier den Sieg über die aufständischen Bauern. Seit 1950 darf das älteste Moorheilbad Baden-Württembergs das Prädikat ›Bad‹ im Namen führen.

Sehenswert: Das schönste Treppenhaus Oberschwabens, unvergleichlich leicht geschwungen, befindet sich im **Neuen Schloss**. Wer das feuersprühende Deckenfresko gemalt hat, ist unbekannt, bezahlt haben die Herren des Hauses Waldburg-Zeil-Wurzach (tgl. 8.00–12.00, 14.00–18.00 Uhr). Weiter darf sich Bad Wurzach im Besitz der ›schönsten Hauskapelle der Welt‹ wissen: Es ist die 1763 mit glitzernden Spiegelchen und buntem Glas ausgestaltete Rokokokapelle im **Kloster Maria Rosengarten**, wo übrigens im Jahr 1936 Kranke erstmals in ein Moorbad stiegen (Besichtigung im Rahmen der wöchentlichen Stadtführung sowie tgl. bei der Vesper um 17.00 Uhr). Mittelpunkt der Stadt ist die katholische Pfarrkirche **St. Verena**. Der 1775 bis 1777 errichtete frühklassizistische Bau zeichnet sich durch ein grandioses Deckenfresko aus, gemalt vom Langenargener Künstler Andreas Brugger. Südöstlich der Stadt in romantischer Lage liegt die **Wallfahrtskapelle Gottesberg** (1712/1713). Jeden 2. Freitag im Juli zieht eine Wallfahrt zu Pferde den Berg hinauf.

Ausflüge: Mit der restaurierten Torfbahn kann man das Wurzacher Ried auf recht gemütliche Weise erkunden (jeden 2. So. im Monat, Fahrplan unter www.torfbahn.de).

Umgebung: Südlich von Bad Wurzach beginnt schon das Allgäu. Hier öffnet sich eine wunderschöne Landschaft voll Seen und Wäldern, ideal zum Baden, Wandern und Radfahren. Das ca. 14 km südöstlich von Bad Wurzach gelegene **Wolfegg** unterhält zwei interessante Museen: Im Bauernhausmuseum steht ein Dutzend Bauernhöfe aus drei Jahrhunderten mitsamt originalgetreuer Stube, Küche, Stall und freilaufenden Gänsen, Ziegen und Truthennen. Natürlich wird gezeigt, wie man anno dazumal gebacken und gesponnen, gesät und geerntet hat (Mai bis Sept. tgl. 10.00–18.00, Apr., Okt.–9. Nov. tgl. außer Mo. 10.00–17.00 Uhr).

Autofreunde finden im Automobilmuseum zahlreiche liebevoll restaurierte Oldtimer (15. März–10. Nov. tgl. 9.30–18.00, im Winter So. 10.00–17.00 Uhr). Im Rittersaal auf Schloss Wolfegg finden jährlich mehrfach Konzerte statt (Programm über Wolfegg Information, Tel. 07527/960151). Die Pfarrkirche St. Katharina (1733–1736) zählt zu den prächtigsten Barockkirchen Oberschwabens. Die riesige Kuppel über dem Schiff erzeugt eine beeindruckende Raumwirkung, die sich am besten vormittags bei Sonnenschein genießen lässt. Dann leuchten auch die farbigen Fresken himmlisch schön (tgl. 8.00–18.00 Uhr).

Kißlegg (ca. 17 km südlich von Bad Wurzach) verwöhnt seine Besucher mit einer prachtvollen Barockkirche: St. Gallus (Vorgängerkirche 12. Jh., Umbau 1734–1738) wartet im Inneren mit opulenten Stuckverzierungen auf: Muscheln und zarte Rosen, Schweif- und Bandelwerk in rosa, grün und weiß, dazu Putten allüberall. Berühmt ist die Kirche auch wegen ihres Silberschatzes (1753–1755): Büsten, Silberkreuze u. a. aus der Werkstatt des Augsburgers Franz Christoph Mäderl (Kirche tgl. geöffnet, Silberschatz nur Mi. 15.00 Uhr zu besichtigen).

Nostalgie im Automobilmuseum in Wolfegg

ⓘ Kurverwaltung, Mühltorstr. 1, 88410 Bad Wurzach, Tel. 07564/302150, Fax 302154, www.bad-wurzach.de

TIPP

Kunst aus Holz

Rudolf Wachter, einer der bedeutendsten Holzbildhauer der Gegenwart, stellt seit 2005 im Neuen Schloss zu Kißlegg seine Werke aus. Die Quader, Spiralen und Labyrinthe hat Wachter, der aus dem oberschwäbischen Bernried stammt, mit der Motorsäge geschaffen. Bei vielen der elegant ineinander verschlungenen Werke kann man fast nicht glauben, dass sie aus einem einzigen Stamm herausgeholt wurden (Di.–Fr. 14.00–17.00, Sa., So. 11.00–17.00 Uhr).

Maultaschen und Wein vom Bodensee

Anreise

Der Bodenseeraum ist mit Auto und Bahn von allen Richtungen her gut erreichbar. In den westlichen Bodenseeraum führt von Norden her die A 81 (Singen), in den östlichen gelangt man über die A 96 (Lindau). Besucher aus Österreich können über die A 14 (Bregenz) anreisen, aus der Schweiz führt die A 7 (Kreuzlingen) zum See. Friedrichshafen besitzt einen Flugplatz, der von fast allen großen deutschen Flughäfen aus angeflogen wird.

Auskunft

In Deutschland: IBT Internationale Bodensee-Tourismus GmbH, Hafenstr. 6, 78462 Konstanz, Tel. 07531/ 9094-0, www.bodensee-tourismus.com
Tourismus Untersee, Im Kohlgarten 2, 78343 Gaienhofen, Tel. 07735/919055, www.tourismus-untersee.de

Österreich: Vorarlberg Tourismus, Bahnhofstr. 14/4, Postfach 302, A-6901 Bregenz, Tel. 0043/5574/425250, www.vorarlberg-tourism. at

Schweiz: Tourismusverband Ostschweiz, Bahnhofsplatz 1a, CH-9001 St. Gallen, Tel. 0041/71/2273737, www.ostschweiz-i.ch

Autofahren

In der Schweiz und in Österreich kosten Autobahnen Maut. In Österreich sind Vignetten für zehn Tage, zwei Monate oder ein Jahr erhältlich. In der Schweiz muss man ein Jahresticket kaufen, kann aber am Bodensee sehr gut auf die gebührenfreien Straßen ausweichen.
Abweichend von deutschen Verkehrsvorschriften darf in der Schweiz auf Landstraßen höchstens 80 km/h, auf Autobahnen nur 120 km/h schnell gefahren werden. Es lohnt, in der Schweiz oder in Österreich zu tanken, wo Kraftstoff (meist) billiger ist.

Essen und Trinken

Die Bodenseeregion ist ein Schlaraffenland für Genießer, das beweisen die zahlreichen Sterne-Restaurants rund um den See. Der See selbst steuert dazu köstliche Fische bei wie Egli (auch Kretzer genannt), Felchen (Renke), Seeforelle, Seelachs. Obst, Beeren, Salat und Gemüse wachsen vor der Haustür und bilden die Grundlage für eine sehr frische Küche. Im Herbst ist Wildsaison, und man darf sich auf Rehmedaillon oder Wildschweinbraten freuen. Die badisch-schwäbische Küche auf der deutschen Seite lockt mit Zwiebelrostbraten und Spätzle, Saure Kutteln (Rinderpansen fein geschnitten und sauer angemacht), Maultaschen, Linsen und Spätzle oder ›Dünnele‹ (eine Art Pizza mit Belag aus Sauerrahm, Speck und Zwiebeln). Auf der Schweizer Seite stehen Köstlichkeiten aus Käse auf der Karte und natürlich Rösti (eine aus geriebenen Kartoffeln in der Pfanne zubereitete Spezialität). Die Österreicher brillieren mit Süßspeisen wie Germknödel, Marillenknödel, Palatschinken, Topfenstrudel. Im milden Bodenseeklima wächst auch hervorragender Wein. Hauptanbaugebiete sind die Regionen um Meersburg und Schaffhausen. Wo viel Obst wächst, sind auch die Brenner nicht weit. Viele Destillerien warten mit vorzüglichen Edelbränden auf, die sich auch als Mitbringsel anbieten.

Fähren und Schifffahrt

Die größten Schifffahrtsunternehmen am See haben sich zur ›Weißen Flotte‹ zusammengeschlossen. Diese fährt alle wichtigen Orte an.

Autofähren: Zwischen Friedrichshafen und Romanshorn ganzjährig im Stundentakt, ab ca. 22.30 Uhr kein Fährdienst (Fahrtzeit ca. 45 Min.). Die Überfahrt von Konstanz nach Meersburg dauert ca. 15 Min., nachts stündlich Personenfähren.

Personenfähren: Fast jeder Hafen am See wird von einem Personenschiff angesteuert. Seit 2005 verbinden zwei Katamarane (Schnellboote) Konstanz und Friedrichshafen.

Fahrplanauskunft: Über Abfahrtszeiten der Auto- und Personenfähren rund um den Bodensee informiert die Bodensee-Schiffsbetriebe GmbH, Tel. 07531/3640389 oder im Internet unter www.bsb-online.com

Sonderfahrten: Für Nostalgiker bietet sich eine Rundfahrt über beliebige Teile des Sees mit dem restaurierten **Dampfschiff** Hohentwiel an. Abfahrtszeiten sind erfragbar unter Tel. 0043/5573/839831 oder im Internet unter www.hohentwiel.com erhältlich.

Feiertage und Feste

Nationale Feiertage: 1. August (Nationalfeiertag Schweiz), 3. Oktober (Tag der deutschen Einheit in Deutschland), 26. Oktober (Staatsfeiertag Österreich).

Die größten Feste: St. Gallener Kinderfest (Juni), Seehasenfest Friedrichshafen (Juni/Juli), Stadtfest in Lindau mit historischem Kinderfest (Juli) Stadtfest mit Schwedenprozession in Überlingen (Juli), Ravensburger Rutenfest (Juli), Bregenzer Festspiele (Juli/Aug.), Seenachtsfest in Konstanz und Kreuzlingen (Aug.), Fischerstechen in Langenargen (Aug.), Rorschacher Sandburgfestival (Aug.), Weinfeste im Sept./Okt. in Meersburg, Hagnau, Salem, Bregenz.

Geld

In Deutschland und Österreich ist der Euro das gültige Zahlungsmittel, in der Schweiz sind es die Schweizer Franken. Meist kann man im

SPECIAL

Bodensee im Buch

Für alle geologisch Interessierten eröffnet das Büchlein ›Vulkane im Hegau‹ von Matthias Geyer einen guten Zugang zu den naturräumlichen Besonderheiten des Hegau, des westlichen Bodensees und der angrenzenden Gebiete in der Schweiz. Didaktisch sehr gut aufgemacht und kombiniert mit einer Wanderkarte (2003, Landesvermessungsamt Baden-Württemberg). Ein wunderschöner Band erschien 2001 bei Thorbecke: Hermann Hesse, ›Bodensee‹. Hier ist zusammengetragen, was Hesse an Impressionen, Essays und Gedichten über den See während seines achtjährigen Aufenthalts geschrieben hat, kombiniert mit herrlichen Fotos von Siegfried Lauterwasser. Kompetent und ansprechend informiert der 2005 neu erschienene Baedeker-Reiseführer ›Bodensee‹, der auch 3D-Darstellungen von der Festung Hohentwiel, Wallfahrtskirche Birnau und Konstanzer Münster beinhaltet. Kritisch und kenntnisreich befasst sich der Historiker Werner Trapp mit dem Bodensee und seiner sich, auch durch den Tourismus, verändernden Landschaft: ›Mit Blick auf See und Gebirge‹ erschien 2003 (G. Braun Buchverlag). Auch gemordet wird am Bodensee. Im Zentrum von ›Maiblut‹, einem Krimi mit viel Lokalkolorit aus der Feder des Friedrichshafener Autorenduos Gerda Matt und Karin Nimmerrichter, steht eine mysteriöse Villa am See (2003, Gmeiner Verlag).

DATEN UND FAKTEN

- **Landesnatur und Klima:** Der Bodensee liegt an der Südwestgrenze von Deutschland im Dreiländereck von Deutschland, Schweiz und Österreich. Der Schweiz gehören 72 km des Ufers, Österreich 28 km, Baden-Württemberg 155 km, Bayern 18 km. Wem welcher Teil des Sees exakt gehört, wurde nie festgelegt. Grenzziehungen durch den See auf manchen Karten beruhen allein auf Gewohnheitsrecht. Namentlich gliedert sich der See in mehrere Teile: Das größte Stück zwischen Lindau und Meersburg wird Obersee genannt. Der Überlinger See erstreckt sich zwischen Meersburg und Bodman. Der Untersee zwischen Konstanz, Stein am Rhein und Radolfzell zerfällt wiederrum in zwei Teile: den Gnadensee im Norden und den Zeller See im Süden. Insel Reichenau ist 4,28 km² groß, die Mainau 0,44 km², die Insel von Lindau 0,53 km².
  Das Klima am Bodensee ist so mild, dass hier Wein und Obst gedeihen. Im Winter kann es lange Zeit neblig sein. Seit 875 ist der See 33-mal zugefroren. Bei Föhn herrscht wunderbare Fernsicht. Der See ist unter Wassersportlern für seine sehr plötzlich hereinbrechenden Gewitter bekannt. Wegen der dann plötzlich auftretenden Sturmböen gibt es unter den Wassersportlern immer wieder Todesopfer zu beklagen.
- **Fakten zum See:** Das Bodenseebecken entstand nach dem Ende der Riss-Kaltzeit (Pleistozän) vor 1,3 bis 0,9 Mio. Jahren. Seine heutige Gestalt erhielt dieser Alpenvorlandsee, durch den der Rhein fließt, vor rund 10 000 Jahren. Die Oberfläche des Wassers beträgt 534 km² (Obersee 472, Untersee 62 km²). Damit ist der See der drittgrößte Mitteleuropas. An der tiefsten Stelle ist er 254 m tief (Obersee zwischen Fischbach und Uttwil), 40 m im Untersee. Die Uferlänge beträgt 273 km. An seiner längsten Stelle misst der See 63 km, an der breitesten 13 km. Der Bodensee liegt auf 395 m ü NN.
- **Bevölkerung:** Zwar gehört der Bodenseeraum zu drei verschiedenen Staaten, doch dies ist ein geschichtlich gesehen relativ junges Konstrukt. Ursprünglich zählt der Raum zum schwäbisch-alemannischen Siedlungsgebiet. Das gilt auch für Oberschwaben. Rund um den Bodensee leben ca. 2 Mio. Menschen, wobei die Siedlungsdichte auf der deutschen und österreichischen Seite am höchsten ist. Größte Stadt am See ist Konstanz mit 80 000 Einwohnern, gefolgt von Friedrichshafen mit 55 000 Einwohnern und Radolfzell (30 000 Ew.). In Bregenz leben 28 000 Menschen.
- **Religion:** Die Bevölkerung am Bodensee und in Oberschwaben ist überwiegend katholisch, nur in der Schweiz im Appenzeller Raum ist sie mehrheitlich protestantisch.
- **Wirtschaft und Tourismus:** 160 Berufsfischer gehen am Bodensee noch ihrem Gewerbe nach, doch ihre Zahl ist rückläufig. Die Landwirtschaft nimmt eine wichtige Rolle ein, besonders auf den Sektoren Obst- und Gemüseanbau. Auch der Tourismus ist ein nicht wegzudenkender Wirtschaftsfaktor, ist doch der See eines der beliebtesten Reiseziele in Deutschland. Vor allem bietet die Industrie Arbeitsplätze, z.B. in Friedrichshafen, Konstanz, Radolfzell und Überlingen, Bregenz und Dornbirn in Österreich bzw. Romanshorn und St. Gallen in der Schweiz.
- **Naturschutz:** Die drei wichtigsten Naturschutzgebiete sind das Wollmatinger Ried, das Eriskirchener Ried und die Halbinsel Mettnau. Besonders für Wasservögel ist der Bodensee ein lebenswichtiges Biotop. Zugvögel nutzen den See als Raststation und um die Energiereserven aufzutanken auf dem Weg z.B. nach Afrika oder Südeuropa und zurück.

Schweizer Bodenseeraum mit Euro bezahlen – bekommt dann aber häufig Franken heraus.

Hotels (eine Auswahl)

Von Varta-Experten geprüfte Hotels; weitere Adressen sind im ›Varta-Führer‹ zu finden (im Buchhandel erhältlich).

Preise:

€€€€	Doppelzimmer	über 200 €
€€€	Doppelzimmer	150–200 €
€€	Doppelzimmer	100–150 €
€	Doppelzimmer	50–100 €

Bad Waldsee: €€/€€€ **Im Hofgut Golf & Vitalpark**, Hopfenweiler 13, 88339 Bad Waldsee/Hopfenweiler, Tel. 07524/40170, Fax 4017100, www.waldsee-golf.de. Ruhig, naturnahe Lage, schöne Aussicht, Fitnessraum, Sauna, Solarium, Whirlpool., 39 Z., 1 Suite

Bregenz: €€ **Messmer**, Kornmarktstraße 16, A-6900 Bregenz, Tel. 0043/5574/423 56, Fax 42 35 66, www.hotel-messmer.at. Modernes Stadthotel, 82 Z., 2 Suiten.

Bodman-Ludwigshafen: €€ **Seehotel Adler**, Hafenstraße 4, 78351 Bodman-Ludwigshafen/Ludwigshafen ,Tel. 07773/93390, Fax 933939, www.specht-gastronomie.de. Ge-

Jachthafen in Friedrichshafen

TIPP

Teure Aussichten

Wer bisher immer neidisch auf den Zeppelin geschaut hat, der an schönen Tagen silbrig am Himmel über dem Bodensee glänzt, sollte vielleicht selbst mal an Bord gehen. Die Rundflüge starten auf dem Friedrichshafener Flugplatz, eine halbe Stunde kostet 190 Euro pro Person. Für diese 6 Euro pro Minute bekommt man allerdings eine Aussicht, die man vom Boden nie und nimmer haben wird: der See so flach wie ein blaues Tuch, dazu die spitzgezackte, weißgipfligen Alpen. Wer mit dem Zeppelin NT mitfliegen will, muss mindestens zwei Jahre alt sein und die Treppe zum Luftschiff hinaufsteigen können. (Infos und Buchung unter Tel. 0700/93772001, www.zeppelinflug.de).

schmackvoll eingerichtetes Ferienhotel mit Aussicht und Zugang zum Bodensee., 33 Z.

Dornbirn: €€ **Berghof Fetz**, Bödele 574, A-6850 Dornbirn, Tel. 0043/5572/77400, Fax 774007, Ruhetag: Mo., www.berghoffetz. at Das Hotel liegt am Bödele, einem der schönsten Aussichtspunkte in Vorarlberg., 10 Z.

Friedrichshafen: €€/€€€ **Ringhotel Krone**, Untere Mühlbachstraße 1, 88045 Friedrichshafen/Schnetzenhausen, Tel. 07541/4080, Fax 43601, www.ringhotel-krone.de, großes Wellness- und Fitnessangebot, Tennis, Kosmetikoase mit Beauty-Anwendungen und Aromabädern, 135 Z., 5 Suiten.

€€ **Flair Hotel Gerbe**, Hirschlatter Str. 14, 88048 Friedrichshafen/Ailingen, Tel. 07541/5090, Fax 55108, www.hotel-gerbe.de. Gut geführter Familienbetrieb mit praktischen Z.n und Wellnessbereich. 59 Z.

Hagnau: €€/€€€ Villa am See ,Meersburger Straße 4, 88709 Hagnau, Tel. 07532/43130, Fax 6997, www.villa-am-see.de. Die im italienischen Stil eingerichtete Villa liegt ruhig an der Seepromenade. 6 Z., 2 Appartements, 1 Suite

Langenargen: €/€€ **Im Winkel Garni**, Im Winkel 9, 88085 Langenargen, Tel. 07543/934010, Fax 49587, www.hotel-imwinkel.de. Nette kleine Unterkunft in der Ortsmitte mit modernen, gut ausgestatteten Zimmern, 8 Z., 2 Appartements, 2 Suiten

Lindau: €€€/€€€€ **Relais & Châteaux Villino**, Hoyerberg 34, 88131 Lindau/Hoyren, Tel. 08382/93450, Fax 934512, www.villino.de. Ansprechend im mediterranen Stil eingerichtet präsentiert sich das lobenswert geführte Haus. 16 Z., 1 Suite

€€€/€€€€ **Bad Schachen**, 88131 Lindau/Bad Schachen, Tel. 08382/2980, Fax 25390, www.badschachen.de. Altehrwürdiges und nostalgisch anmutendes GranHotel am Ufer des Bodensees. ,125 Z., 20 Suiten.

Konstanz: €€€/€€€€ **Steigenberger Inselhotel**, Auf der Insel 1, 78462 Konstanz, Tel. 07531/1250, Fax 125250, www.konstanz.steigenberger.de. Stilvolles Hotel auf einer kleinen Insel im See,100 Z., 2 Suiten.

€€ **Bayrischer Hof Garni**, Rosgartenstr. 30, 78462 Konstanz, Tel. 07531/13040, Fax 130413, www.bayrischer-hof-konstanz.de. Hotelbetrieb in einem Stadthaus in Hafennähe. 23 funktional-zeitlose Zimmer.

Meersburg: €€ **3 Stuben Garni**, Kirchstr. 7, 88709 Meersburg, Tel. 07532/80090, Fax 1367, www.3stuben.de. Fachwerkhaus im Herzen der historischen Altstadt. Hauseigenes römisches Dampfbad, 27 Z., 2 App.

€ **Zum Bären**, Marktplatz 11, 88709 Meersburg, Tel. 07532/43220, Fax 432244, www.baeren-meersburg.de. Ruhetag: Mo., Traditionsgasthof für Liebhaber antiquarischer Zimmereinrichtungen, 20 Z.

Radolfzell: €€/€€€ **Art Villa am See**, Rebsteig 2, 78315 Radolfzell/Mettnau, Tel. 07732/94440, Fax 944410, www. artvilla.de. Hotel Garni mit zahlreichen Sport- und Freizeitmöglichkeiten., 7 Z., 3 Suiten.

TIPP

Auf den Säntis

Mit der Säntis-Schwebebahn spart man sich einen mehrstündigen Aufstieg, der nur geübten Wanderern anzuraten ist. Als besonderen Gag bietet die Schweizer Bergbahn Vollmondfahrten mit Buffet und musikalischer Unterhaltung auf dem Gipfel. Oder für Frühaufsteher und Wandervögel: die Sonnenaufgangsfahrt jeden Samstag und Sonntag um 5 Uhr früh. Oben wartet ein Frühstücksbuffet, dann kann es losgehen mit dem Wandern oder Nordic Walken in einer der schönsten Bergregionen weit und breit. Tel. 0041/71/3666 66 oder www.saentisbahn.ch

Frisches Obst vom Bauernmarkt in Überlingen

Reichenau: €/€€ **Strandhotel Löchnerhaus**, An der Schiffslände 12, 78479 Reichenau/Mittelzell, Tel. 07534/8030, Fax 582, www.loechnerhaus.de. Gastliches Traditionshotel in ruhiger Lage am See 37 Z., 4 Suiten.

Stein am Rhein: €€€ **Chlosterhof**, Oehningerstraße 2, CH-8260 Stein am Rhein, Tel. 0041/52/7424242, Fax 7411337, www.chlosterhof.ch. Alle Zimmer mit Balkon. Beauty Spa mit Wellness-Massagen und Kosmetikbehandlungen, 42 Z., 26 Suiten.

Überlingen: €€/€€€ **Bad-Hotel** mit Villa Seeburg Christophstraße 2, 88662 Überlingen, Tel. 07551/8370, Fax 837100, www.bahotel.info. Wohnliche und geräumige Z. mit zeitgemäßer Einrichtung, 64 Z.

€€ **Romantik Hotel Johanniter-Kreuz**, Johanniterweg 11, 88662 Überlingen/Andelshofen Tel. 07551/61091, Fax 67336, www.romantikhotels.com/ueberlingen. Ehemaliger Bauernhof, der zu einem traditionsreichen Familienbetrieb gewachsen ist. Golfplatz in der Nähe, Fahrradverleih, Reitmöglichkeit, Bootsverleih, Beautybereich, Sauna, Solarium, Dampfbad, Whirlpool, 25 Z., 4 Suiten.

Uhldingen-Mühlhofen: €€ **Seehalde** ,Birnau-Maurach 1, 88690 Uhldingen-Mühlhofen/Maurach Tel. 07556/92210, Fax 6522, www.seehalde.de. Ruhetag: Di. Naturnah gelegenes Haus, 21 ruhige Z. mit Aussicht.

Notruf

Deutschland: Polizei: 110, Feuerwehr: 112, Seerettung Rettungsleitstelle Bodenseekreis Tel. 07541/19222

Österreich: Polizei: 133, Feuerwehr: 122, Rettung 144, Wasserrettung Vorarlberg/Bregenz Tel. 0043/5574/617000

Schweiz: Polizei: 117, Feuerwehr und Seerettungsdienst 118, Rettung 144

Reisedokumente

Deutschland und Österreich gehören zur EU, daher brauchen EU-Bürger beim Grenzübertritt hier keine Papiere, sollten aber einen Personalausweis mit sich führen. Wer in die Schweiz möchte, benötigt einen Personalausweis.

Reisezeit

Bodensee und Oberschwaben haben zu allen Jahreszeiten ihren besonderen Reiz. Die beste Reisezeit liegt zwischen Mai und September, dann sind auch sämtliche Sehenswürdigkeiten zu besichtigen. Im Juli und August ist das Wasser zum Baden am angenehmsten. Für Wanderer lohnt die Bodensee-Region auch im Oktober einen Aufenthalt.

Restaurants (eine Auswahl)

Von Varta-Experten geprüft; weitere Adressen im ›Varta-Führer‹ (im Buchhandel erhältlich).

Preise:

€€€€	Hauptspeisen	über 20 €
€€€	Hauptspeisen	15–20 €
€€	Hauptspeisen	10–15 €
€	Hauptspeisen	5–10 €

Bad Wurzach: €/€€€ Zum Adler, Schlossstraße 8, 88410 Bad Wurzach, Tel. 07564/93030, www.hotel-adler-bawurzach.de, Ruhetag: Mo. Renovierter Gasthof mit schönem Landhausambiente und einer beachtenswerten Küche mit Produkten aus dem Umland.

Friedrichshafen: €/€€ Kachlofe & Ofestüble, Manzeller Straße 30, 88045 Friedrichshafen/Schnetzenhausen, Tel. 07541/41692, www.kachlofe.de. Marktorientierte Saisonalküche, netter Wintergarten.

Hagnau: €€/€€€ **Zur Winzerstube**, Seestraße 1, 88709 Hagnau, Tel. 07532/6350, www.zur-winzerstube.de, Ruhetag: Mo. Regionales Fischrestaurant mit schöner Terrasse am See.

Langenargen: €€€/€€€€ **Adler**, Oberdorfer Straße 11, 88085 Langenargen, Tel. 07543/3090, www.hotelkarr.de, Ruhetag: So. Klassisch französisch und von lobenswerter Qualität sind die Gerichte, die Ihnen Rudolf Karr in seinem hübsch dekorierten Restaurant auftischt.

€€/€€€ **Schuppen 13**, Argenweg 60, 88085 Langenargen, Tel. 07543/1577, Ruhetag: Mo. Italienische Küche.

TIPP

Fahrt mit der Heiden-Bahn

Wer gerne die Bodensee-Landschaft ganz in Ruhe genießen will, dem ist eine Fahrt mit der Bahn von Heiden (CH) aus an den Bodensee zu empfehlen. Man kommt aus den grünen Hügeln des Appenzeller Landes heraus und fährt, so scheint es, mitten hinein in das große Blau des Sees.

Lindau: €€/€€€ **Alte Post**, Fischergasse 3, 88131 Lindau/Auf der Insel, Tel. 08382/93460, www. alte-post-lindau.de. Der rustikale Gasthof mit Biergarten bietet in gemütlichen Räumen regionale Küche und diverse Bodenseefischgerichte.

€€€/€€€€ **Schachener Hof**, Schachener Straße 76, 88131 Lindau/Ortsteil Bad Schachen, Tel. 08382/3116, www.schachenerhof-lindau.de. Ruhetage: Di. und Mi. Das Restaurant verfügt über eine behagliche Einrichtung, freundlichen und aufmerksamen Service und sehr gute Küche.

Geschichte

- **um 10000 v.Chr.** Steinzeitfunde belegen eine erste Besiedlung.
- **4000–800 v.Chr.** Pfahlbausiedlungen entstehen
- **5. Jh.v.Chr.** Kelten leben am See.
- **1. Jh.v.Chr.** Römische Besatzung: Bregenz (Brigantium), Felix Arbor (Arbon), Constantia (Konstanz) und andere Orte werden gegründet, 395 n. Chr. endet die Römerherrschaft, Alamannen besiedeln das Land.
- **496** Chlodwig, König der Merowinger, unterwirft die Alamannen.
- **Um 550** Bistum Konstanz wird gegründet
- **Um 610** Zeit der Wandermönche: Gallus und Columban missionieren die heidnische Bevölkerung.
- **8. Jh** Klostergründungen: Reichenau (724) St. Gallen (um 720), um 750 wird Bodman karolingische Pfalz.
- **9. Jh.** Hochblüte mönchischer Kultur, Walahfrid Strabo ist Abt auf der Reichenau
- **1134** Zisterzienser gründen Kloster Salem.
- **1273** Niedergang der Staufer, Rudolf I. von Habsburg wird deutscher König; Teile des Bodensees kommen zu Vorderösterreich.
- **1380** Oberschwaben: Mehrere Städte schließen sich in der Großen Ravensburger Handelsgesellschaft zusammen. Zunehmender Reichtum durch Leinwandhandel.
- **1414–1418** Konzil von Konstanz, Papst Martin V. wird gewählt, Ende des Kirchenschismas; 1415 wird Jan Hus auf dem Konzil als Ketzer verbrannt.
- **1499** Thurgau kommt zur Eidgenossenschaft, Konstanz wird dadurch Grenzstadt, 1501 Schaffhausen und Appenzell zum Schweizer Bund.
- **1521** Reformation in Konstanz; ländliche Gebiete bleiben katholisch, 1534 Reformation in ganz Württemberg, 1546/1547 Schmalkaldischer Krieg, Konstanz wird wieder katholisch.
- **1618–1648** Dreißigjähriger Krieg, schwedische Truppen besetzen die Mainau und Bregenz, die ganze Region leidet schwer.
- **1803** Säkularisation: alle Klöster werden aufgelöst.
- **1803–1848** Durch die napoleonische Flurbereinigung erhält Baden den westlichen Seeteil, Württemberg bekommt Zugang zum See, Lindau fällt an Bayern.
- **1848** Friedrich Hecker ruft in Konstanz die Deutsche Republik aus.
- **1900** Am 1. Juli steigt der erste Zeppelin in Friedrichshafen auf.
- **1919** Vorarlberg wird österreichisches Bundesland, obwohl die Bevölkerung mehrheitlich zur Schweiz gehören möchte.
- **1939–1945** Im Zweiten Weltkrieg wird der Bodensee Zuflucht für viele Verfolgte. Friedrichshafen wird bombardiert.
- **1963** Bislang letzte Seegfrörne.
- **1966** Gründung der Universität Konstanz.
- **1998** Wiederaufnahme des Zeppelinbaus: Der Zeppelin NT, gebaut auf der Zeppelinwerft Friedrichshafen, startet.
- **2000** Insel Reichenau wird UNESCO-Weltkulturerbe.
- **2002** Bei einem der schwersten Luftfahrtunglücke Europas stoßen ein russisches Passagierflugzeug und ein deutsches Frachtflugzeug nahe Überlingen zusammen. 71 Menschen, überwiegend Kinder, kommen dabei ums Leben.
- **2003** Selbst der Jahrhundertsommer bringt die Bodenseewasserversorgung nicht in Not, doch der Pegel erreicht einen nie dagewesenen Tiefstand, die Schifffahrt wird zeitweise sogar eingestellt.

Baden, kuren und entspannen in der Therme von Bad Waldsee

Meersburg: **Winzerstube Zum Becher**, Höllgasse 4, 88709 Meersburg, Tel. 07532/9009, www.winzerstube-zum-becher.de, Ruhetag: Mo. Familienbetrieb mit Tradition und origineller Einrichtung.

Konstanz: **Pinocchio**, Untere Laube 47, 78462 Konstanz, Tel. 07531/15777, www.ristorante-pinocchio.de. Im Herzen von Konstanz mit herrlicher Gartenterrasse, italienische Küche.

Staader Fährhaus, Fischerstraße 30, 78464 Konstanz/Staad, Tel. 07531/33118, www.staader-faehrhaus.de, Ruhetag: Di. Kleines rustikales Restaurant im renovierten hist. Fährhaus am Segelhafen.

Kreuzlingen: **Seegarten**, Promenadenstraße 40, CH-8280 Kreuzlingen, Tel. 0041/71/6882877, www.seegarten.ch, Ruhetage: Mo., Di. Unmittelbar am Yachthafen und in direkter Nähe zum Naturschutzgebiet liegt dieses Restaurant.

Radolfzell: **Pane e Vino**, Schützenstraße 47, 78315 Radolfzell, Tel. 07732/52768, Ruhetage: Mo., Di. Italienische Gerichte in Bistromanier.

Gasthof Adler, Schlossbergstr. 1, 78315 Radolfzell/Güttingen, Tel. 07732/15020, www.landgasthaus-adler.de, Ruhetag: Di. Ländlicher Gasthof mit bürgerlich-regionaler Küche zu vergleichsweise günstigen Preisen.

Schaffhausen: **Gerberstube**, Bachstraße 8, CH-8200 Schaffhausen, Tel. 0041/52/6252155, www.gerberstube.ch, Ruhetage: Mo., So. Hist. Zunfthaus aus dem 17. Jh.

Singen: **Flohr's Restaurant**, Brunnenstraße 11, 78224 Singen/ Überlingen a. Ried, Tel. 07731/93230, www.flohrs-restaurant.de, Ruhetage: So., Mo. Ländlich-eleganter Rahmen, die lobenswerte Mittelmeer- und Regionalküche wird abgerundet durch ein gutes Weinangebot.

St. Gallen: **Neubad**, Bankgasse 6, CH-9000 St. Gallen, Tel. 0041/71/2228683, www.restaurantneubad.ch, Ruhetage: Fr., Sa. Wunderbare Gaumenfreuden bietet das gemütliche Speiserestaurant im 1. Stock. Im Parterre gibt es zusätzlich ein Wein-Bistro.

Tettnang: **Lamm im Kau**, Sängerstraße 50, 88069 Tettnang/Kau, Tel. 07542/4734, Ruhetag: Mo. Netter Dorfgasthof, schmackhafte regionale Gerichte, gutes Preis-Leistungs-Verhältnis.

Überlingen: **Bürgerbräu**, Aufkircher Straße 20, 88662 Überlingen, Tel. 07551/ 92740, www.buergerbraeu-ueberlingen.de, Ruhetage: Mi., Do. Renoviertes Fachwerkhaus oberhalb der Stadtmauer. In gemütlichen Stuben werden Regionalspeisen und Fischgerichte serviert.

Wasserburg: **Zum Lieben Augustin am See**, Halbinselstraße 70, 88142 Wasserburg, Tel. 08382/9800, www.hotel-lieber-augustin.de, Ruhetag: Mo. Gastfreundliche Weinstube mit familiärer Atmosphäre und internationaler Küche.

Telefon

Ländervorwahlen: Deutschland: 0049, Österreich 0043, Schweiz 0041. Bei Telefonaten ins Ausland entfällt die Null der Ortsvorwahl. In der Schweiz muss man, anders als in Deutschland, immer die Ortsvorwahl mitwählen, auch wenn man sich im betreffenden Ort befindet.

Sport

Radfahren: 270 km weit führt der **Bodensee-Radweg** um den See. Ganz allein wird man hier selten sein, denn die Strecke gehört zu den beliebtesten Radwegen ganz Europas und wird jährlich von rund 200 000 Radlern frequentiert. Dafür ist sie relativ leicht zu bewältigen und reich an Service aller Art, z.B. **Radeln ohne Gepäck**. Hier wird das Gepäck von Hotel zu Hotel gebracht, während die Gäste radeln. Alle Unterkünfte entlang des Radwegs sind beteiligt. Der Preis liegt bei ca. 8 € pro Koffer. Nähere Infos zum Radweg selbst und Radeln ohne Gepäck bei der Bodensee-Radweg Service GmbH, Mainaustr. 34, Konstanz, Tel. 07531/819930, www.bodensee-radweg.com.

Bergauf radeln ist sooo anstrengend! Also das Rad in die **Pfänderbahn** gestellt und den schlimmsten Aufstieg bequem hinter sich gebracht. Oben gibt es noch genügend Gelegenheit zum Schnaufen. Gewitzte fahren zwischen 9.00 und 10.00 Uhr morgens (oder zwischen 18.00 und 19.00 Uhr), dann ist der Fahrradtransport gratis (Tel. 0043/5574/43316, www.pfaenderbahn.at).

Segeln: Der Bodensee gilt als Segelparadies. Rund 100 Segelclubs säumen seine Gestade. Wer selber segeln will, muss bedenken, dass für den Bodensee ein **Bodenseeschifferpatent** für Boote mit mehr als 12 m^2 Segelfläche oder mehr als 4,4 kW Motorleistung benötigt wird. Gäste können auf Antrag ein Ferienpatent für vier Wochen beim Landratsamt erhalten. Über die zahlreichen **Regatten** rund um den See informiert die Internetseite www.regatta-bodensee.com

Wandern: Rings um den Bodensee finden Wanderer, Jogger und Nordic Walker hervorragende Möglichkeiten. Die örtlichen Touristeninformationen erteilen Auskunft und bieten z.T. sehr gute lokale Routenvorschläge an. Für Bergwanderungen bieten sich die Wandergebiete am Pfänder und Säntis an.

Inlineskating: Der Bodensee-Radrundweg kann teils auch mit den Inlinern befahren werden. Besonders beliebt ist die Uferstrecke zwischen Meersburg und Hagnau, in Immenstaad gibt es einen Skate-Fun-Park.

Wellness

Einige Bäder in Oberschwaben sind als Moorheilbäder anerkannt, darunter Bad Buchau, Bad Schussenried, Bad Waldsee und Bad Wurzach. Kneippkurorte sind Aulendorf, Bad Waldsee, Biberach-Jordanbad und Überlingen. Bad Waldsee besitzt die wärmste Therme in Oberschwaben.

Zollbestimmungen

Eingeführt werden dürfen von der Schweiz nach Deutschland: 2 l Wein, 1 l Spirituosen, 200 Zigaretten oder 250 g Tabak, 250 g Kaffee, 50 g Parfüm, 250 ml Eau de Toilette.

TIPP

Bodensee-Erlebniskarte

Mit der Bodensee-Erlebniskarte sind auch alle Fahrten auf der ›Weißen Flotte‹ frei! Nachlass gibt es bei den Tickets der Pfänder- und Säntisbahn, umsonst ist der Eintritt ins Sea Life Center in Konstanz, die Stiftsbibliothek St. Gallen, die meisten Bäder und vieles mehr. Gültig ist die Karte für 3, 7 oder 14 Tage, kostet (2005) 54, 69 oder 98 Euro für Erwachsene, Kinder von 6 bis 15 Jahre zahlen 29/39/49 Euro, Kinder unter 6 Jahre erhalten die Karte umsonst. Erhältlich bei allen Tourist-Informationen am Bodensee.

Register

Register

Fette Ziffern verweisen auf Abbildungen.

Zeichenerklärung

Impressum

Verlag: HB Verlag, Marco-Polo-Zentrum, 73760 Ostfildern, Postfach 3151, 73751 Ostfildern, Tel. 0711/4502-0, Fax 0711/4502-135, www.hb-verlag.de, info@bildatlas.de
Geschäftsführer: Dr. Thomas Brinkmann, Dr. Stephanie Mair-Huydts

Chefredaktion und Programmleitung: Rainer Eisenschmid, Birgit Borowski
Redaktion: Dina Stahn
Text: Dina Stahn, Stuttgart
Exklusiv-Fotografie: Rainer Kiedrowski, Ratingen
Zusätzliches Fotomaterial: Bilderberg/Ernsting (S. 60/61 Mitte), Bregenzer Festspiele/Mende (S. 76 u.), Dietrich (S. 60 l.u.) HB Bildatlas Fotoservice/Krüger (S. 22/23 Mitte, S. 56 l., S. 77 o., S. 84 u.), Huber/ R. Schmid (S. 10/11, S.108), Huber/Wischkow (S. 72/73 Mitte o.), laif/ Kuerschner (S. 77 u.), Lange NaturBild (S. 61 o.), Raach (S. 42/43 Mitte o., S. 60/61 Mitte u.)
Titelbild: laif/ Heuer (Lindau)
Grafische Konzeption und Layout: CYCLUS · Visuelle Kommunikation, Stuttgart
Kartografie: © MAIRDUMONT GmbH & Co. KG, Ostfildern
HB Bildatlas Fotoservice: HB Verlag, Marco-Polo-Zentrum, 73760 Ostfildern, Tel. 0711/4502-266, Fax 0711/4502-1006, a.nebel@mairdumont.com

Für die Richtigkeit der in diesem HB Bildatlas angegebenen Daten – Adressen, Öffnungszeiten, Telefonnummern usw. – kann der Verlag keine Garantie übernehmen. Nachdruck, auch auszugsweise, nur mit vorheriger Genehmigung des Verlages. Erscheinungsweise: monatlich.

Anzeigenvermarktung: MAIRDUMONT MEDIA, Tel. 0711/4502-333, Fax 0711/4502-1012, media@mairdumont.com, http://media.mairdumont.com
Vertrieb Zeitschriftenhandel: Partner Pressevertrieb GmbH, Postfach 810420, 70521 Stuttgart, Tel. 0711/7252-227, Fax 0711/7252-310
Vertrieb Abonnement: Zenit Pressevertrieb GmbH, Postfach 810640, 70523 Stuttgart, Tel. 0711/7252-265, Fax 0711/7252-333, hbverlag@zenit-presse.de
Vertrieb Buchhandel und Einzelhefte: MAIRDUMONT GmbH & Co. KG, Marco-Polo-Zentrum, 73760 Ostfildern, Tel. 0711/4502-0, Fax 0711/4502-340
Reproduktionen: Otterbach Medien KG GmbH & Co., Rastatt
Druck und buchbinderische Verarbeitung: Echter Druck GmbH, Würzburg. Printed in Germany